AF496700

LES LOISIRS

DE LA LIBERTÉ.

LES LOISIRS

DE LA LIBERTÉ.

NOUVELLES

RÉPUBLICAINES,

Par le citoyen BARBAULT.ROYER.

Se trouve

A Paris, chez BAILLY, rue Honoré,
A Rochefort, chez JOUSSERANT, } Libraires.
A la Rochelle, chez CAPPON.

A Rochefort, chez JOUSSERANT, l'an 3 de la République.

Je me suis efforcé de présenter dans la scene terrible de Démophon, le sentiment de la nature subjugué par celui de la patrie.

DÉMOPHON.

Douze ans avant les avantures funestes de la famille d'OEdipe, qui frapperent de terreur toute la Grece, régnoit dans Chalcis le tyran Alcionaus; ce prince cruel avoit rassemblé auprès de lui tous les brigands que la justice & la sévérité des lois avoient banni de leurs contrées. Ce ramas d'hommes impurs, chargés de crimes & de violations, & les mains dégoutantes du sang des amis de la patrie, avoit fui dans l'Eubée

dont Alcionaus commandoit une partie ;
l'espoir de l'impunité , & sur-tout celui
du pillage les amenoient en foule , & le
tyran recevoit de préférence ceux qui
s'étoient illustrés par des assassinats , ou
qui avoient imprimé à leur famille , les
taches les plus honteuses. On vit alors
un spectacle affreux , & dont frémissoit
la nature ; Alcionaus citoit devant lui
tous ces brigands fameux , & il n'avoit
point honte d'applaudir plus ou moins à
leurs forfaits énormes. L'un se vantoit
qu'après avoir terrassé son frere , il
l'avoit précipité tout vivant dans une
caverne humide , où de froides couleuvres & des reptiles vénimeux s'étoient
acharné sur son corps ; l'autre qu'après
avoir enfoncé un javelot dans le sein de
son ami , il avoit accablé de railleries
cruelles , cet ami expirant ; celui-ci s'ap-
plaudissoit d'avoir profané des sépulchres & d'avoir dispersé leurs cendres

sacrées. Celui-là avoit dans son ressentiment poignardé son pere, & avoit livré
ses membres palpitans à des chiens affa-
més. Alcionaus alloit couronner ce parricide , vainqueur abominable de ces
horribles débats , lorsque le tonnere se
fit entendre , & annonça par ses mugissemens, que les dieux seroient justes, &
qu'ils détruiroient les tyrans qui louoient
les fils homicides.

Parmi ces scélérats se trouvoit un
jeune homme qui , élevé parmi des
pâtres & des paysans , avoit ces grands
sentimens que l'éducation ou la sensibilité seules peuvent donner ; c'étoit
Démophon ; il maudissoit la vie qui le
rendoit témoin de la barbarie des hommes , & s'il la conservoit, ce n'étoit que
pour être utile à ses semblables , en
mitigeant leur humeur sanguinaire. Il
se plaignoit de son infortune , & se

croyoit né pour le crime malgré le penchant qu'il se sentoit pour la vertu; les dieux en effet avoient décidé par les oracles, que le féroce Alcionaus périroit de la main de son propre fils, pour avoir encouragé des parricides; & ce fils étoit Démophon.

A peine fut-il né, qu'Alcionaus redoutant la voix des oracles, avoit jetté son fils dans l'Euripe. Démophon, protégé par les dieux, fut porté par les courans, dans une baye où des pêcheurs thessaliens le trouverent le lendemain. Il fut élevé dans la Thessalie, où, devenu grand, il s'exerçoit à la chasse; les bêtes fauves qu'il vendoit à des marchands d'Athènes, lui donnerent les moyens d'acheter des cabanes & des terres en friche, qu'il distribuoit à ses pauvres conservateurs.

Les peuples d'Émathie qu'on a appelé depuis Macédoniens, s'étant plaints de ce que des bergers, au mépris des lois qui maintiennent l'ordre des sociétés, leur avoient enlevé des bestiaux ; se répandirent comme un torrent dans la Thessalie, détruisirent les villages, bouleverserent les campagnes ; & après avoir arrosé de sang, les lieux qu'ils traverserent, ils retournerent dans leurs montagnes, traînant en esclavage & les peuples, & les bergers, & Démophon. La moitié de la Grece fut en feu ; la Thessalie fut ravagée, ses habitans tomberent sous le fer des vainqueurs ; le tout pour des bestiaux enlevés. Ainsi l'avarice & la cupidité savent saisir les moindres prétextes, pour assouvir leurs convoitises.

Démophon, parmi les Émathiens, devint un excellent soldat ; le roi de Pella

marchoit quelquefois contr'eux pour arrêter leurs incursions. Lorsqu'ils étoient
attaqués, Démophon se défendoit avec
un courage inoui, & se retiroit toujours
le dernier. Les Émathiens découvrirent
bientôt, dans ce jeune homme, tous les
talens d'un chef, car la capacité est
sentie même des sauvages, & ils n'hési-
terent point à le mettre à leur tête.
Démophon, choisi pour commander ces
hordes agrestes, sut, par un moyen nouveau, inquiéter les cohortes savamment
disciplinées de Pella. Il disposoit une
partie des siens sur des hauteurs, & avec
une poignée d'hommes lestes, il atti-
roit à lui les soldats de Pella, par une
retraite simulée, & les conduisoit dans
des gorges où l'inégalité du terrain, en
les divisant, les rendoit foibles & inha-
biles; alors il fondoit sur ces soldats,
tandis qu'on les accabloit d'en haut de
quartiers d'arbres & de rochers. Le roi,

fatigué de ses défaites, eut recours à la ruse, & répandit l'or parmi les Émathiens. Démophon devoit être le prix de cette indigne corruption. Informé de l'attentat qu'on méditoit contre lui, il résolut de mourir à la tête d'un petit nombre d'amis encore attachés à sa personne. Il conduisit les Émathiens pour la derniere fois, contre les soldats de Pella; quand on fut en présence, les traîtres se débanderent, & Démophon resta seul entre deux corps d'ennemis. Alors ne délibérant plus, il s'agenouilla, posa à terre son bouclier, & invoquant les dieux vengeurs de la perfidie, il tourna contre lui-même son javelot. Les soldats du roi accourent; on l'arrête, on panse sa plaie, & l'on porte comme un trophée, cet homme couvert de sang. Arrivé à Pella, on le descendit dans un cachot, où il resta confondu parmi les plus obscurs conspirateurs.

Trois ans après, le roi, sur le point d'expirer, avoit ordonné qu'on remit sa couronne au plus digne de ses enfans. Cette disposition singuliere remplit la ville de troubles & de factions ; chacun se battit pour les enfans, suivant ses intérêts, & l'anarchie déchira les provinces. Pendant qu'une guerre civile inondoit de sang la ville & les campagnes, une troupe d'assassins qui ne prenoit point part à la querelle des enfans, & que l'espoir seul du pillage excitoit, parcourut les places publiques, en disant qu'ils alloient arranger tout le monde. Alors les différens partis se rallierent contre ces nouveaux perturbateurs, & la crainte d'une subversion totale, suspendit les premieres fureurs. Ces hommes armés d'épées, de fleches & de bâtons, appeloient tous les esclaves au nom de la liberté. On se porta aux cachots, & l'on retira de ces caves souterraines, les autres brigands qui se joignirent aux premiers. Démophon dut sa liberté à ce soulévement. Les soldats & les habitans eurent bientôt repoussé cette masse d'hommes qui, traînant une vie misérable, oserent encore redouter la mort. Quand ce fléau eut été éloigné, la ville retomba dans d'autres troubles, en discutant plus que jamais sur l'affaire des enfans.

Ces brigands n'étant plus poursuivis, s'arrêterent près d'un fleuve, & voulurent élire un chef pour marcher à quelque conquête. Démophon se garda bien de se mettre sur les rangs ; mais comme on ne vouloit qu'un chef, & que tout le monde prétendoit l'être, on s'échauffa & l'on se battit de part & d'autre. Cependant après avoir bien délibéré pour se réunir, ils se diviserent de nouveau. Ils se formerent enfin en trois bandes; la premiere assura qu'elle alloit fonder une colonie chez quelque peuple hospitalier ; l'autre sans plus de propos, passa le fleuve à la nage pour s'établir sur l'autre rive ; la troisieme, qui étoit celle où étoit Démophon, prit parti dans les troupes d'Alcionaus, & s'embarqua sur les navires de Chalcis qui étoient venus recueillir ces honorables recrues.

Alcionaus trouvoit que ces hommes, sans frein & sans regle, devoient former des bataillons formidables au-devant desquels s'abbatroient tous les obstacles ; que, méprisant le danger, ils se jetteroient dans les plus épaisses cohortes & y porteroient le désordre ; que l'appréhension seule d'avoir de tels ennemis à combattre, feroit qu'on leur ouvriroit les portes de toutes les villes ; ainsi raisonnoit ce roi dont le projet étoit de s'emparer de l'Eubée.

Alcionaus commença par inviter ces bandes farouches à vouloir bien se former en bataillons, car il n'étoit guere possible de leur donner des ordres, & de faire des conquêtes par-tout où ils le jugeroient à propos. Il leur disoit qu'il se confioit à leur zele & à leur intelligence, & qu'ils n'avoient qu'à se payer de leurs travaux sur le fruit de la victoire.

Cette armée sans chef, sans discipline, commença dès le lendemain par battre la campagne, mais eux-mêmes ne tarderent pas à être battus. Alcionaus leur donna bientôt Démophon pour les commander. — J'ai découvert dans vous, dit-il, de grandes qualités ; marchez & faites couler le sang ; sachez que les peuples ne se soumettent que par cette effusion ; attisez la discorde parmi ces ennemis, pour faciliter nos conquêtes,

& nous fournir au moins une cause juste
pour les détruire.

Démophon frissonna d'horreur à ce
discours ; cependant il marcha résolu
de ne point exécuter ses ordres ; il avoit
même la pensée de tourner vers la mer,
& de se rendre en Grece plutôt que de
se souiller du sang de ses freres.
Ses pas étoient inclinés vers l'Euripe,
ce témoin de son premier malheur. Il s'avançoit, l'esprit agité de
mille pensées , lorsque tout-à-coup il
entend un bruit égal à l'éclat de la
foudre ; il se retourne, la terre s'anime
& s'entrouvre ; une fumée noire dans
laquelle paroissoient de longues traces
rouges, sortit d'un vaste abyme. Une
voix semblable à celle qu'on entendoit
à Chalcis, dans le temple de Castor &
Pollux, s'éleva en même tems. — Démophon, lui dit-elle, marche où Alcio-

naus t'ordonne, tu subjugueras l'Eubée sans répandre de sang, les dieux ne veulent que celui des tyrans qui commandent la mort ; ils se vengeront d'Alcionaus ; Démophon, obéis aux dieux, ils te confient le soin de leur vengeance. La voix au même moment cessa de murmurer, & ne laissa dans les airs qu'un silence profond ; la fumée se confondit, l'abyme se referma, & il ne resta dans Démophon qu'une crainte religieuse & des sons mal tracés.

Démophon s'abandonna à la volonté des dieux, & marcha plein de confiance à la conquête de l'Eubée. — Les dieux, disoit-il, m'ont choisi pour servir leur vengeance ; ils ne veulent que le bien des hommes ; quand ils roulent leur tonnerre, c'est pour jetter l'effroi dans l'ame des coupables, c'est pour annoncer à l'innocence, à la vertu, qu'il est un

pouvoir souverain qui confond les oppresseurs ; Alcionaus est un tyran, ses
barbaries ont indigné l'univers, & les
dieux irrités se chargeant de la cause
des humains, s'armeront de la foudre,
& consoleront le monde par la ruine de
ce grand criminel.

Démophon rallie les lâches cohortes
d'Alcionaus ; avec du zele, de la constance, la douceur des manieres & la
puissance des dieux, il imprime à ces
pillards un certain amour de l'ordre,
& en forme des soldats ; la conquête
de l'Eubée s'effectua bientôt. Il rentra
dans Chalcis à la tête des députés des
villes, qui ne s'étoient soumises que par
estime pour lui. Alcionaus ne put lui
pardonner le crime de s'être fait estimer, & celui de n'avoir pas assez teint
de sang ses lauriers. Le tyran dissimula,
résolu de l'immoler à son orgueil offensé;

néanmoins il ordonna des jeux solemnels en l'honneur de la conquête.

Démophon instruit des desseins du
tyran chercha à le prévenir, il ras-
sembla autour de lui les chefs de l'armée & les principaux de la ville, tous
amateurs de la liberté, & qui ne respi-
roient qu'après la paix & la sureté publique, & la mort d'Alcionaus, proscrit
déjà par les dieux, fut résolue. Ces
braves étoient déterminés, ou à faire
périr le tyran, ou à s'égorger les uns
les autres, si le complot alloit éclater.
Ils en firent le serment terrible sur la
terre brûlante du noir tombeau où réside
Hymenestre, l'une des filles infernales.

Les conjurés & Démophon, sortent
un soir de Chalcis: ils s'écartent vers
ces lieux solitaires, où la nuit l'on voit

des spectres errer, où les échos répé-
tent avec douleur de lugubres gémisse-
mens. Le soleil n'éclaire point ce désert ; un voile de sang semble étendu
sur ces solitudes, & le jour n'y donne
qu'une lumiere rouge & triste ; là, sont
épars quelques cyprès dépouillés, des
ronces, des épines ; parmi des rochers
nus, & dont les cavités recélent les
oiseaux de la mort, l'œil distingue à
peine un monument à moitié brisé, autour duquel rampent des serpens hérissés de poil, qui semblent en être les
gardiens ; par intervalle s'élevent d'un
tombeau dés flammes jaunâtres qui
éclairent ces funebres entourages ; on
apperçoit alors, dans le fond, une porte
de fer, sur laquelle sont tracées des
lettres symboliques ; ce sont des arrêts,
des décrets infernaux ; ces hyérogliphes
apprennent encore qu'une fille du
Ténare, qui a le pouvoir d'évoquer les

enfers , rend des oracles au milieu de ces ruines hideuses.

Démophon, l'épée à la main, s'avançoit vers ces lieux , écartant les songes funestes , & les ombres courroucées qui se précipitoient sur lui. Les conjurés ne marchoient qu'avec effroi, & fortement entrelacés. Enfin , ils s'arrêterent près d'un canal étroit qui traînoit des eaux fangeuses, sur ce terrain formé de laves & de cendres durcies. Alors Démophon appella à haute voix la noire Hyme- nestre. — Fille de la vengeance , dit- il, ce sont des Grecs qui viennent invo- quer ton pouvoir, les dieux nous ont donné le courage de former un grand dessein, ils nous ordonnent d'aller vers toi pour saisir tes torches & tes verges de feu. Ils ont chargé l'enfer de punir un tyran. Un silence profond succede

en même tems à cette voix qui va expirer au loin.

Les conjurés restent immobiles,
Démophon invoque trois fois la déité.
Alors une longue flamme s'échappe du
tombeau, & amene un tourbillon épais
de fumée qui tourne sur la tête des conjurés, & se dissipe ensuite. Les serpens
poussent d'horribles siflemens, & le son
pitoyable des spectres semble annoncer
l'approche de la déité.

Hymenestre se leve avec effort du
tombeau, elle tient à la main une ba-
guette d'ivoire, ses cheveux de couleur
ardente, sont arrêtés sur le devant du
front par un nœud de viperes, ses bras
sont nus, ses jambes en partie découvertes, sont enveloppées de feuilles de
sycomore, un manteau gris, chargé de
têtes de dragons, entoure ce fantôme,

dont la figure est effroyable. Ses yeux perçans sont perdus sous d'énormes paupieres, ses dents sont plus aigues que celles des couleuvres, une bave fétide dégoute des bords de sa bouche livide; la fureur, l'envie, la crainte & la haîne des mortels, sont confondues dans ses traits affreux.

Elle promena en silence ses regards sur ce grouppe transi, & fit quelques pas vers Démophon. — Comptez sur mon appui, dit-elle, d'une voix sépulchrale, comptez sur mon appui, les dieux seront satisfaits; s'ils veulent des supplices, ils seront satisfaits. Ensuite, elle se retourna péniblement & murmura d'autres paroles. Un son confus & mal articulé lui répondit du fond de la caverne.

Le tombeau se brise, la porte de fer s'ouvre & jette, par ses flancs, une nuit plus obscure encore ; le bruit effrayant des chaînes se joint à de profonds mugissemens, la terre s'entrouvre, un autel sanglant s'éleve , sur lequel est une Euménide qui tient un plat & une lampe allumée. La noire Hymenestre évoque les enfers de sa douloureuse voix. — Monstres du Tartare , dit-elle, fiers enfans de l'Érebe & du noir Phlégéton, sortez du fond de vos cachots, armez-vous de vos poignards , étalez parmi nous le pouvoir des enfers , sortez , obéissez , c'est moi qui vous appelle.

L'antre vomit aussitôt , parmi des flots de feu, un démon armé de glaives ; les conjurés étroitement grouppés , pâles, tremblans, regardent d'un œil curieux ce spectacle étonnant , — Que veux-tu ? s'écrie l'infernal ministre, quel dessein nous arrache à l'empire des morts, & loin des voûtes sombres ,

nous attire sur la terre. — De ces guerriers, dit Hymenestre, embrâse la
valeur; que dans Chalcis périsse leur
ennemi; comble de ces mortels l'espérance & les vœux. Le démon alors
agite ses glaives, va au fond de l'antre,
& ramene trois bandes de démons qui
font briller leurs poignards autour des
conjurés. — Respirez notre rage,
s'écrient-ils, d'une voix terrible, que
le sang, que le carnage impriment tous
vos pas. Démophon & les conjurés poussent d'affreux hurlemens, ils se dispersent, & vont s'unir aux démons qui les
traînent vers l'autel. — L'enfer, s'écrie
Démophon en écumant, l'enfer a passé
dans mon ame, il me remplit de ses
fureurs, courons immoler la victime.
Les démons jettent leurs poignards sur
le plat de l'Euménide; Alecton paroît
tout-à-coup, verse de la sanie sur ces
armes, & disparoit soudain. Hymenestre

les consacre, & les distribue à Démophon & aux conjurés. Armez-vous, leur dit-elle, de ces couteaux impitoyables, l'enfer vous suit, Hymenestre est pour vous. — Chalcis est libre, s'écrie Démophon, avec des transports furieux, nos triomphes sont assurés, Hymenestre, c'est ta main qui nous guide. Les démons pressent ensuite sur les conjurés le gosier de leurs serpens, & les couvrent de venin; ils se jettent au milieu d'un tourbillon de flammes, & disparoissent, Hymenestre se retire vers le tombeau, qui reprend sa premiere forme, l'autel sanglant s'enfonce, & Démophon & les Grecs suivent le chemin de Chalcis. Aussitôt que leurs yeux ont touché le jour, ils reprennent leur tranquillité premiere.

Arrivés à Chalcis, ils délibérent sur les momens les plus favorables pour faire périr

Alcionaus. — Nous sommes assurés, disoient-ils, des dieux & des démons ; le moyen qu'il échappe. Notre fortune nous indiquera l'heure propice. — Je le sais, répliqua Démophon, mais des hommes qui veulent venger la liberté, & les droits violés de leurs freres, doivent à la vue de tout un peuple immoler un tyran. Ses crimes ont été publics, la vengeance doit l'être aussi. Démophon en remit au lendemain l'exécution, au milieu des jeux solemnels, parmi les danses sacrées, & en présence du peuple réuni de Chalcis & de l'Eubée.

Alcionaus avoit aussi, par un hasard inconcevable, choisi le jour des solemnités pour faire périr Démophon. Une victime égorgée étoit plus agréable à ses yeux que les danses de la victoire. Le matin même, avant de se rendre

sur la place, où tout le peuple l'attendoit, il se rendit dans le temple de la
justice, & là, seul, il invoqua contre
Démophon les foudres de Némésis,
comme Démophon avoit invoqué les
serpens d'Hymenestre contre lui. Une
flamme éclatante étoit sortie tout-à-coup
du sanctuaire. Alcionaus étoit tombé sur
le pavé du temple ; plein d'effroi, il
écoutoit en silence la réponse de l'ora-
cle. — Celui dont tu demandes la mort,
lui dit la divinité, est Démophon ; ce
Démophon est ton fils.

Alcionaus étonné, immobile, agité
de sentimens divers, restoit constam-
ment attaché sur le pavé du temple.
Enfin, il se leve, se retire tout pensif,
la tête baissée, les bras sur la poitrine,
frémissant à l'idée du meurtre qu'il alloit
commettre sur son fils Démophon, frémissant encore plus d'épargner ce fils,

saintement ennemi de son pere : il se rendit aux jeux. La place publique étoit ornée de grands peupliers couronnés de festons, le peuple distribué sur des gradins, étoit vêtu de blanc, & avoit la tête parée de guirlandes ; un sable fin & coloré décoroit le parterre où devoient s'exercer les athletes ; sur un trône enrichi de pourpre & de tapis précieux, étoit le fier Alcionaus, le front ceint d'un diadême de topaze, sa robe étoit de lin & bordée de larges palmes d'or ; derriere lui, s'élançoit la statue de la victoire qui sembloit lui apposer une couronne triomphale ; à ses pieds étoient des amas de piques & de boucliers. Quand il eut pris place, tout le peuple battit des mains, & lui souhaita mille années de victoire, pour les amusemens qu'il vouloit bien lui procurer. Alcionaus étoit plus occupé de Démophon qu'il cherchoit vainement des

yeux, dans cet immense amphithéâtre ;
enfin, il ordonna à plusieurs de ses
gardes de l'engager à se rendre près de
lui. Il vouloit embrasser ce fils.

Les fêtes commencerent ; un coryphée
s'étant avancé dans le milieu de la
place, fit signe aux grouppes de lutteurs
d'essayer leurs combats. D'abord deux
d'entr'eux s'emparerent de l'arêne, &
circulant à l'entour en s'observant, ils
se précipiterent ensuite comme des furieux, l'un sur l'autre. Les mains dans
les mains, ils se poussoient, tachant
de saisir l'inégalité du terrain pour se
culbuter. Ils se quittoient subitement,
& s'avançoient en se frappant de leurs
mains ramassées. L'un prenoit son ad-
versaire sous les aisselles, l'enlevoit de
terre & l'envoyoit au loin ; l'autre le
poursuivoit & cherchoit à renverser
l'antagoniste dans sa route ; enfin, le

plus adroit arrêtoit son ennemi, & le terrassoit au bruit des acclamations.

Le coryphée ordonnoit aux lutteurs de se retirer. Parurent ensuite de jeunes guerriers Eubéens, le bras passé dans le bouclier, & tenant une épée de la main droite ; ils frappoient en cadence ces boucliers de leurs armes, dont ils faisoient jaillir des étincelles ; un de ces héros désarmoit l'autre, & le jettoit à ses pieds ; il sembloit vouloir l'égorger, & le peuple demandoit grace dans ces combats simulés. Le coryphée distribuoit ensuite des danseurs vis-à-vis chaque arbre triomphal. Près du trône, étoit un chœur de jeunes filles, obligé de célébrer par leurs chants, non les succès de Démophon, mais la gloire du grand Alcionaus.

Les danseurs, vêtus de tuniques bordées de rouge, & chaussés de brodequins verts, formoient des pantomimes inimitables. C'étoient des bergers qui se plaignoient amoureusement de l'indifférence de leurs bergeres; c'étoient des amans qui, par l'expression des gestes, prouvoient à leurs maîtresses leur constance & leur fidele amour. Le coryphée alloit couronner les vainqueurs de ces jeux athlétiques, lorsque les fêtes furent suspendues & arrêtées par une cause imprévue.

Démophon, pendant ces combats, s'étoit armé, il encourageoit les conjurés, & comme il les voyoit indécis, il avoit juré que seul, il délivreroit Chalcis, & abattroit le tyran. Les conjurés, par un mouvement simultané, firent le serment de ne point le trahir. Ils invoquerent encore une fois les filles de l'enfer, & les parques, & les déités vengeresses, & marcherent pleins d'au-

dace & de résolution. Ils furent ren-
contrés par les gardes d'Alcionaüs qui,
d'un ton superbe & avec toute l'arrogance de leur maître, ordonnerent à
Démophon de se rendre près du roi.
Cet ordre donné avec tant de sévérité,
dans un moment si pénible, les remplit
de troubles & de soupçons. Ils hésite-
rent, dans la crainte que la conspira-
tion n'eut transpiré ; mais ayant vu
l'ombre d'Hymenestre qui les précédoit,
ils la suivirent & se rendirent dans la
place.

A la vue de cette troupe qui couroit
comme des forcenés, un murmure confus que la curiosité faisoit naître, se
propage parmi le peuple. Alcionaüs,
ayant apperçu Démophon, descendit &
s'avança vers lui : les conjurés écartent
les soldats, & Démophon tirant aussitôt le couteau des démons, le plonge

à plusieurs reprises dans le sein d'Alcionaus, qui tombe en lui tendant les
bras. — Mon fils, lui disoit-il, mon
fils Démophon, je suis votre pere.....
Sa voix entrecoupée expira bientôt. —
Mon pere ! s'écria Démophon, hors de
lui-même, mon pere. Les gardes tom-
bent sur lui ; en ce moment des tour-
billons de flammes qui s'échappent de
terre, les dispersent ; le peuple fuit
épouvanté. Ce théâtre de plaisirs & de
fête, n'offre plus que le spectacle dé-
goûtant de ruines, de flammes, d'un
tyran mort & d'un fils parricide.

Démophon respirant à peine, se traînoit seul & avec effort, loin de ce lieu
d'horreur. — Hélas ! disoit-il en gémissant, se peut-il que j'aye trouvé mon pere
dans Alcionaus ! .... Dieux cruels !
étoit-ce moi que vous deviez choisir

pour un tel ministere ? . . . . Ah ! les remords m'agitent, non ce n'est point pour avoir détruit un tyran, mais pour avoir poignardé un pere. . . . . Mon pere ! . . . . hélas ! pourquoi ce sentiment qui lui a fait reconnoître son fils, ne s'est-il pas élevé aussitôt dans mon ame ? . . . . Dieux barbares ! c'est vous qui rendez les mortels homicides. Vous les précipitez dans le crime, pour jouir du plaisir féroce de leur châtiment. . .

Mais, disoit-il, pourquoi accuser les dieux, ne dois-je pas plutôt me louer d'avoir servi leur vengeance. Alcionaus n'est plus, & ses sujets respirent, qu'importe quel qu'il soit, c'étoit un tyran ; la nature doit-elle composer quand il s'agit de la félicité de tous.... Un calme subit succédoit en même tems au trouble qui l'agitoit.

Mais le malheureux Démophon étoit tourmenté de nouveau. Quoi! disoit-il, faut-il que je ne le reconnoisse qu'en l'assassinant. . . . Hélas! il m'appeloit son fils. . . . Il sembloit me demander la vie, il sembloit me promettre qu'il n'en useroit que pour réparer ses fautes, & rendre enfin les Eubéens heureux.... & je l'ai poignardé.... Ô Démophon! va chez les morts, va adoucir son ombre justement courroucée.

En même tems, égaré, bourrelé par l'idée de son parricide, poursuivi par l'image sanglante de son pere, ses genoux fléchirent, il succomba à sa douleur, ses foibles mains chercherent vainement le glaive d'Hymenestre, il se roula dans la poussiere, & se couvrant des pans de son manteau, il attendit la mort qu'il ne cessoit d'invoquer; épuisé de fatigue, n'ayant plus qu'un soufle de vie, perdant son sang par la bouche & les narines, un sommeil dévorant abattit ses paupieres, & des songes funestes se presserent autour de lui. L'infortuné Démophon, dans cette horrible situation, jettoit par intervalle des soupirs qui articuloient son crime, & le nom de son pere.

Pendant ce sommeil affreux, les démons qui l'avoient encouragé au parricide voltigeoient à l'entour de lui, en lui reprochant son horrible attentat. — Opprobre de l'univers, disoient-ils, va, qu'on invente contre toi des tourmens, les supplices du Ténare sont trop doux. Les démons ne cessoient de le déchirer de leurs ris insultans, lorsque Castor & Pollux, nus & couverts seulement d'un léger nuage, apparurent; leur visage étoit resplendissant; ils se tenoient tous les deux enlacés, une odeur d'ambroisie s'exhaloit sous les pas de ces immortels. Ils s'approcherent de Démophon, répandirent des fleurs sur sa tête &, après avoir touché sa bouche & ses narines de leur doigt divin, ils ordonnerent aux démons de le transporter dans le temple de Neptune, en Samothrace. Les démons roulerent en dardant des yeux de feu, sur les augustes Tyndarides ; Castor leur ordonna d'obéir, & les menaça des carreaux redoutables du grand Jupiter ; alors ces noirs ministres s'étant approchés en murmurant de Démophon, l'envelopperent d'une fumée épaisse qui les couvroit eux-mêmes, & le transporterent à travers les Cyclades, tandis que les freres immortels remontoient dans l'Olympe.

Démophon fut bien étonné de se réveiller dans le temple de Neptune, en

Samothrace. Il étoit couché sur un lit d'airain dont les pieds, tournés en forme de lion, étoient d'or pur. De riches tapis de pourpre avec des glands d'or, le couvroient à moitié, au-dessus de sa tête, se trouvoit suspendu un voile d'azur, près de lui étoit un trépied d'un bois précieux, sur lequel reposoient des vases, des patenes & des coupes ornées d'hyacinthes & d'émeraudes. L'encens fumoit aux pieds de la statue des dieux subalternes. Le feu sacré brûloit devant Neptune qui présidoit à ce temple. Douze colonnes chargées de dépouilles éclatantes, d'un marbre couleur améthyse, soutenoient le dôme où étoient gravées les tendresses de Neptune & d'Amphytrite.

Où suis-je? s'écria Démophon, ... près d'un autel sacré, ... d'où viennent ces ornemens, ces bracelets, ces bandeletics brillantes? . . . . Est-ce un nouveau piege que me tendent les dieux? . . . . est-ce dans leur temple que je dois me trouver. . . . Ô Démophon! qui t'a conduit sous ces voûtes saintes? . . . . Un parricide couché dans le sanctuaire! . . . . non, non, dieu terrible qu'on adore en ce lieu, ce n'est pas moi qui ai profané ton temple. . . . C'est un songe. . . . Non, quel dieu persécuteur me fait commettre sans cesse des crimes involontaires. . . . Veut-il se rejouir de mes supplices? les larmes, les peines des mortels sont-elles donc pour lui des plaisirs! . . . . . fuyons.

Il se leve précipitamment, jette au loin ses couvertures brodées, & cherche une issue. Une voix sort du fond de l'enceinte auguste. — Arrête, lui dit-elle, les dieux ne sont point si farouches, ils te rendront la paix ; ce sont les Tyndarides qui ont conduit ta main. . . . — Se peut-il, répondit Démophon, que les dieux couronnent un parricide ? Ah ! s'ils veulent récompenser le destructeur d'un tyran , qu'ils m'envoyent la mort, & je ne demande rien de plus. Alors il poussoit des sanglots & faisoit rétentir le temple du nom de son pere Alcionaus. — Traître , lui dit la voix, lorsqu'il s'agit de la félicité de tous, lorsque par un coup divin, tu as brisé le tyran le plus féroce, dois-tu t'exhaler en plaintes ; n'importe qu'il soit ton pere , la patrie & tes freres doivent passer avant tout. Les Eubéens jouissent d'un bonheur suprême.

Démophon s'écrioit, qu'il s'applaudisoit d'avoir terrassé le tigre de Chalcis , mais que le sentiment de la nature parloit encore plus haut que sa merveil-

leuse action, que si les dieux le trouvoient digne de leur faveur, ils devoient
enfin le distraire de ces remords impor-
tuns qui l'agitoient, & de ces ombres
infernales qui ne cessoient de l'accuser. — Soumettez-vous à cette épreuve,
reprit la voix, & la paix succédera à
cette agitation. Les Tyndarides vous
ont éloigné de Chalcis, ils vous ont
porté dans la Samothrace pour y terminer vos maux, attendez-y des momens
plus heureux.

Démophon, les yeux baignés de
larmes, le cœur étouffé de soupirs, fit
quelques pas dans le temple ; il jetta
un regard distrait sur les dons superbes
des rois de l'Émathie & des peuples de
la Grece, & se rejetta ensuite sur le lit
de pourpre, égaré, combattu, redoutant les dieux, les maudissant, & pleurant toujours sur son pere. Il s'endor-

mit, mais pressé par des songes menaçans, il se leva en sursaut, l'œil ardent
& le visage tout en feu. Il sortit **du**
temple, plein de fureur, marchant devant lui sans suivre de route.

Ce jeune homme s'enfonça dans un
bois consacré aux furies. Tout-à-coup,
les Euménides étincellantes le saisis-
sent, l'environnent de flammes, & le
conduisent dans l'antre d'Orcus en le
frappant de verges. — Dieux libérateurs, disoit Démophon, vous me don-
nez la mort, j'irai rejoindre mon pere ;
les Tyndarides impitoyables ne m'ont
flatté que d'espérances pires que vos
tourmens. Cependant la bande infer-
nale l'accabloit à l'envi. — Non, disoient
ces barbares, d'une voix épouvantable,
non tu ne périras pas, vis toujours dans
l'éternelle pensée de ton crime, que la
tête de ton pere se trouve toujours devant

toi. — Mon pere ! s'écrioit douloureusement Démophon, mon pere ! .... mais
les Euménides le frappoient de leurs
chaînes, le terrassoient, l'enlevoient
en l'air, & le laissoient retomber.
Déchirez-moi, disoit Démophon, brû-
lez mes flancs de vos torches, mais les
Chalcidiens sont libres. Les Euménides
suspendoient leurs coups, mais de nouveau, elles s'élançoient sur lui. — Ah !
disoit-il, puis-je me plaindre de ces
douleurs, lorsque Démophon ne les
souffre que pour avoir rendu la paix au
peuple de Chalcis ; je triomphe, j'ai
abattu l'assassin du peuple ; le tyran a
succombé, que les Tyndarides soient
loués.

A ces mots, les Euménides se disperserent, & Démophon se trouva près
d'un ruisseau dont les bords étoient ornés des fleurs les plus suaves & les plus

éclatantes. Près de là, étoient des oliviers, des myrthes & des palmiers sous lesquels des oiseaux de toute espece célébroient leurs concerts amoureux. Plus loin se trouvoient des tapis de verdure, où des agneaux bondissoient près de leurs meres. Un air pur & embaumé enveloppoit ce séjour délicieux. Démophon, l'ame tranquille, le front serein, sentoit ses membres s'alléger, une vie nouvelle l'animoit, semblable aux immortels, il éfleuroit la terre du bout de ses pieds légers.

Castor & Pollux se présenterent à lui; ils tenoient à la main une couronne & des palmes.

Démophon, lui dirent-ils, sois heureux, reconnois enfin la justice & la bonté des dieux; nous avons puni l'atroce Alcionaus de la main de son propre fils pour venger les citoyens qu'il fit égorger par leurs enfans. Nous t'avons éprouvé pour te rendre digne des récompenses ; les tourmens t'eussent longtems poursuivi si tes larmes eussent encore insulté la patrie. Tu descendois au Tartare, si un pere l'eût encore emporté sur le peuple ; mais un tyran féroce a été sacrifié au bien des citoyens de Chalcis, & tu ne l'a plus regretté. Viens, ô Démophon, la gloire immortelle t'attend ; elle est le prix du courage que ne peut abattre les épreuves. Elle est le prix des vengeurs du peuple.

En même tems, Démophon se sentit enlevé, un nuage incarnat le couvrit, & il disparut dans les airs avec les dieux.

DINOCÉRÈS.

Le tableau de Dinocérès présente
le fils d'un roi assez philosophe pour
refuser la couronne que tout un peuple
lui offre. Cette histoire & celle de
Démophon, sont extraites d'un voyage
romantique en Espagne, que je sou-
mettrai par la suite à la publicité.

DINOCÉRÈS,

CHEZ

LES CORINTHIENS.

DINOCÉRÈS étoit fils d'Artemire, roi d'une contrée d'Étolie; il avoit été élevé dans toute la morale des beaux tems de la Grece, & avoit reçu cette éducation précieuse qui, d'un fils de roi produit un défenseur de la cause des peuples; nourri dès le berceau dans ces dispositions heureuses, il s'étoit adonné tout entier à l'exercice des armes, qu'il regardoit comme le premier emploi des souverains, puisqu'il tend à protéger des hommes, & à détourner les maux que prépare l'ambition d'un voisin sanguinaire. Dinocérès n'avoit que dix huit ans, & déjà il développoit cette prudence suivie qui assure le succès des entreprises, & facilite les desseins qui paroissent les plus difficiles. Le vieux Artemire voyoit-il avec complaisance la belle tenue de ses troupes & l'éclat de leurs armes resplendissantes ; vous êtes vaincu, disoit Dinocérès, si vous estimez cette vaine parure ; cet or & ces courroies de pourpre qui ornent leurs boucliers, se-ront l'objet de la cupidité de vos ennemis, & si les efforts de la cupidité sont ter-ribles, ils seront toujours victorieux ; cette armée dont les enseignes sont de lin & ornées de franges, a déjà été trois fois battue par les montagnards de la

Béotie; ces montagnards sont pauvres, leur besoin devient de jour en jour plus grand, depuis qu'on les resserre dans leurs retraites, mais la pauvreté qui endurcit les hommes & rend leur courage impétueux, triomphe des soldats les mieux disciplinés, & la vengeance de la misere s'étend sur les casques pompeux, sur les piques parées de banderolles précieuses, & sur ces chaussures que les habitans de l'Épire n'ont point honte d'estimer. La victoire ne s'achete qu'avec des bataillons endurcis & ennemis du faste qui énerve & détourne la valeur. Tenez continuellement vos soldats sous les armes; choisissez l'heure d'un soleil dévorant, & au milieu de l'arene poudreuse, exercez leur bravoure; que l'armée veille toute la nuit; qu'elle ne trouve son repos que dans le camp ennemi. Reservez une couronne de feuilles à celui qui, douze fois, aura renversé les chefs & les principaux des cohortes ennemies, & n'imposez pour peine à celui qui aura reculé, que la honte d'avoir son nom inscrit sur le *terme* des chemins.

Artemire, monté sur un cheval superbe, se rendoit aux frontieres de son petit état; il examinoit avec soin les tours & ces murailles immenses qui suivoient la hauteur des monts, & se prolongeoient dans le fond des vallées; il faisoit éclaircir leurs creneaux, & dans ces ouvertures, il plaçoit les machines & tous les instrumens de la guerre; quand il avoit terminé cette revue qu'il ne faisoit jamais qu'accompagné de la légion dorée, Dinocérès se présentoit à lui. O mon pere, disoit-il, mes sentimens sont les vôtres, mais ils sont plus austeres; quoique revêtu de la pourpre, j'ai lieu de croire que vous la rejetteriez sans peine, si vous croyez le peuple assez grand pour se gouverner lui-même, ou au moins ne retenez-vous les rênes du gouvernement que pour assurer la félicité publique , que je rendrai un jour plus entière en me dépouillant de la couronne. Vos intentions sont admirables, mais elles sont mal dirigées ; ce n'est point dans des murs épais, & dans des forts placés par intervalle , que se fonde la sureté ; vos catapultes & vos balistes sont tournées avec goût & élégance, & je doute de leur effet, je ne sais par quel motif inconcevable on a porté le faste jusques sur ces machines. Ah ! votre force ne sera jamais dans ces masses de brique , si fort exhaussées & chargées de sculpture ; le peuple armé doit servir de rempart à vos villes & à vos campagnes, vous laissez ces forteresses dégarnies de combattans , tandis que vos fantassins éloi-

gnés font tous les jours la parade près
du temple de Jupiter, sur la place du
palais. Ah ! c'est ici que leur vigueur
doit se signaler ; si les Béotiens s'empa-
rent une fois de ces murailles, ils seront bientôt les maîtres de l'Étolie ;
bientôt vos villes en flammes, atteste-
ront cette vérité ; mais si les frontieres
sont vaillament défendues par une jeunesse généreuse, si sa noble ardeur la
porte à franchir ces monts escarpés, où
dominent ces brigands, jouissez du
plaisir de voir les femmes & les filles
de l'Étolie en sureté ; contemplez vos
succès dans le régne inaltérable des
lois qui vous ont été données par le
grand Jupiter.

Artemire admiroit en silence les
conseils de son fils, mais il avoit le
défaut des vieillards, dont les sentimens
superbes ne se plient jamais aux avis,

quoique sages, de la jeunesse; il ne put
céder à des remontrances, qu'il crut ou
tardives ou insultantes, & s'imagina
qu'il y avoit plus d'un moyen de défendre l'Étolie. Les Béotiens étoient instruits que l'appareil des combats étoit
restreint aux seuls remparts des villes;
ils ne voyoient ni les troupes qui avoient
coutume de protéger les plaines, ni
cette cavalerie foudroyante que Dinocérès conduisoit à la victoire; tout se
cantonnoit dans l'enceinte des cités. Ces
montagnards attribuerent cette tranquillité apparente à l'aveu tacite de la foiblesse, & bientôt ils prirent le conseil
de fondre de tous côtés, sur les terres
d'Artemire, de jetter l'effroi jusqu'aux
portes de la ville, & de s'emparer des
forts que la terreur feroit abandonner.
Tous les environs se souleverent en
même tems; chacun s'arma de piques
& de bâtons, & appuyés du secours de

différens rois jaloux de la gloire & du bonheur des sujets d'Artemire, ils s'envelopperent de l'obscurité de la nuit; dirigés par des chefs ardens, ils marcherent avec ordre sur tous les points de l'Étolie; les campagnes sentirent tout le poids de leur vengeance, & les cultivateurs furent égorgés sans pitié. Ce ne fut qu'à la lueur des moissons livrés au feu, qu'Artemire vit le danger qui le menaçoit. Il ne s'étoit point attendu à une si prompte irruption des Béotiens. Déjà maîtres de l'étendue des campagnes & des bourgs, ces montagnards marchoient avec une audace inouie vers la ville royale; les quartiers de pierre & les fleches que les soldats leur jettoient du haut des murailles, agitoient vainement l'air. Les montagnards, à la faveur de la nuit, n'étoient point apperçus, & à la lueur des torches que les machines leur lançoient, ils prévenoient aisément ces divers périls. Artemire sentit alors toute la sagesse des conseils de Dinocérès, les frontieres que ses guerriers auroient pu conserver, étoient au pouvoir des ennemis. Enhardis par ces premiers succès, ils avoient répandu la consternation dans toute la campagne, & ses soldats bien disposés, auroient détourné la calamité qui avoit fait périr les laboureurs; il ne put croire que les Béotiens eussent eu la témérité de l'attaquer, s'ils n'y avoient été excités. En effet, à la lueur des torches qui, des remparts retomboient dans la plaine, on avoit distingué des cavaliers Thessaliens & des soldats de Macédoine. Artemire pleura sur la mort des malheureux habitans des plaines, & jura de sauver ceux des villes; mais ce roi dont les intentions étoient bonnes, mais mal éclairées, étoit bourrelé de la crainte d'exposer ses soldats qu'il appeloit ses enfans ; il se crut fort de ses murailles, & invincible de la protection des dieux.—Non, disoit-il, je ne puis me resoudre à perdre un seul de mes sujets ; si je suis cause de leurs maux, eh ! bien, que je périsse ; ô Jupiter descends parmi nous, épuisse sur moi seul tes carreaux, que les fougueux Autans renversent mon palais, mais environne de ta force les Étoliens qui te rendent un culte si pur.

Ce roi espéroit que les montagnards, après avoir ravagé les récoltes, se prépareroient leur ruine par la disette & les maladies, que, lassés de leurs efforts impuissans & du secours inutile des étrangers, ils abandonneroient les plaines pour regagner leurs repaires, qu'enfin il feroit oublier sa faute en deroulant sur la frontiere des bataillons inexpugnables. En même tems, par un mouvement religieux, il ordonna aux légions de s'ouvrir, & au milieu de leurs phalanges séparées, il fit promener la statue de la victoire.

Il faisoit à peine jour, quand Dinocérès, dédaignant ces ridicules supplications, sortit à la tête de ses valeureux cavaliers, & tomba sur les Thessaliens, en renversant les bandes de Béotie. Les montagnards abattus & écrasés remplissoient l'air des cris du désespoir; les uns regagnoient les hauteurs, les autres s'armoient des premiers objets qui tomboient sous leurs mains, & les jettoient sur la cavalerie de Dinocérès, qui voltigeoit sur un amas de morts. Les Thessaliens épouvantés de l'audace du prince, avoient tourné le dos, & mettoient leur salut dans la fuite. Dinocérès les poursuivit avec un acharnement coupable,

son ardeur imprudente décida du sort
de l'Étolie. Il voloit sur les traces des
cavaliers Thessaliens , qu'il vouloit
anéantir comme les auteurs de la mort
violente des laboureurs, lorsqu'il oublia
le danger du peuple & de son pere. La
porte par où Dinocérès étoit sorti , de-
meura ouverte pendant le combat ; les
soldats Macédoniens avoient profité de
cette faute pour entrer dans la ville, &
les montagnards que l'espérance avoit
ramenés , les suivoient en foule. L'épée
à la main & couverts de leurs boucliers
ferrés, les Macédoniens se jettent sur les
soldats d'Artemire , tandis que les montagnards se répandent dans les maisons ,
& du haut des terrasses , déroulent
d'énormes pierres sur les troupes du roi.
Artemire , dans ce moment, remplissoit
les fonctions de sacrificateur ; il étoit
enveloppé d'une large tunique blanche,
bordée en rubans d'or , sa tête étoit

ceinte de sa couronne & d'une légere
branche de laurier , une étole bleue
avec la figure des astres tomboient sur
sa poitrine ; il tenoit à la main un poignard , & après en avoir frappé un taureau blanc , surchargé de guirlandes ,
il aspergeoit le peuple & les soldats du
sang de l'inutile victime. Au tumulte
qui s'éleve tout-à-coup , les Étoliens se
dispersent , abandonnent la place , &
se retirent sur les remparts pour voir
s'il est encore des moyens de chasser
les ennemis victorieux , & venger la
liberté si lâchement défendue.

Artemire voyoit enfin que la sureté
n'étoit point dans de vaines oraisons ,
& que le courage seul pouvoit la donner. Ce roi marchoit à la tête de ses
soldats rassemblés , & résolu de ne
point survivre à tant de défaites ; il
échauffoit leur valeur indécise , & les

menoit au-devant des Macédoniens. Ceux-ci s'étoient emparés du palais, déja ses superbes lambris étoient en proie aux flammes ; le marbre de Paros dont le parvis étoit décoré, se baignoit du sang des officiers du prince ; les maisons s'écrouloient de toutes parts, le temple de Jupiter n'avoit point été épargné, tant la vengeance est terrible dans ses exécutions. On vouloit anéantir une ville formidable à des brigands & aux rois ennemis de la justice. Les montagnards voyant les troupes d'Artemire s'avancer en bon ordre vers eux, s'étoient placés dans les vestibules qui vont aux académies, & de-là, dominant sur la masse du peuple, ils décochoient surement leurs floches empoisonnées. La foule des étrangers croissoit de plus en plus : & l'armée étolienne, au milieu des décombres, & perdue dans une fumée insurmontable, ne pouvoit échapper au carnage. Si elle se divisoit, ses fractions étoient facilement détruites ; si elle se conservoit en phalanges, les pierres & les fleches qui pleuvoient sur elle, portoient une mort inévitable dans ses flancs.

Malgré tant de désastres, la liberté avoit su triompher de la rage des barbares ; mais Artemire poursuivant, à la tête d'une colonne, un gros de Béotiens dont les chefs avoient mordu la poussierre, avoit lui-même succombé sous l'effort des farouches soldats de Macédoine.

Le cadavre de ce roi étoit étendu sur un amas de morts ; quelques-uns de ses gardes le pleurerent ; mais la liberté perdue étoit bien plus digne de leurs regrets. Les étoliens consternés devenoient la proie facile du vainqueur, &

déja leurs fronts se ployoient sous le jong , sans qu'ils osassent le repousser.

Ainsi une poignée d'hommes sauvages, dont le ressentiment avoit été exalté par le souvenir de leurs maux passés & la crainte des persécutions à venir, triompha d'un peuple jusqu'àlors invincible , qu'une confiance trop présomptueuse en sa force & sa politique mal éclairée , précipita dans une fatale inertie.

C'est au milieu de ce désordre affreux, & lorsque le corps d'Artemire étoit traîné autour des murailles, que Dinocérès rentra à la tête des siens; il avoit dispersé les cavaliers de Thessalie, & les avoit presque tous détruit; mais sa troupe n'étoit plus si nombreuse, une

partie emportée par son ardeur, s'étoit
perdue dans un marais, quelques-uns
avoient été tués par les Thessaliens, &
les autres, tous couverts de sang & de
poussierre, n'avoient plus la force de
combattre de nouveau. Dinocérès apperçut le corps de son pere exposé aux
plus sanglantes railleries; il ne chercha
point à le dégager; il envia à ce cadavre le triste avantage de n'être plus
témoin de la calamité de ceux de
l'Étolie.

Déja la férocité du vainqueur s'étoit
acharnée sur les principaux citoyens,
& la servitude enlaçoit tous ceux qui
avoient échappé au carnage. La ville
n'offroit plus que des amas de cendres.
Dinocérès ne put considérer cette ruine
déplorable, sans faire l'aveu, qu'un roi,
avec des intentions même pures, ne
peut servir la liberté; parce que, seul,

il se charge de sa défense, que ses conseils qu'on n'ose contredire, ou qu'on croit les meilleurs, sont ceux qu'on exécute; que la cause de la liberté, pour être protégée, doit être confiée à chaque citoyen, qu'elle n'est bien servie que lorsque la multitude instruite, en a fait l'objet de ses craintes & de ses plus cheres inquiétudes.

Dinocérès avoit perdu l'espoir de venger les Étoliens; il les voyoit même s'empresser d'obéir aux vainqueurs, & implorer pour leurs enfans & leurs femmes, la clémence de ces tyrans. — Lâches, disoit-il, courrez au-devant de vos fers; vous êtes dignes de l'esclavage, puisque vous ne savez sacrifier à l'indépendance, tous les sentimens de la nature; que n'avez-vous combattu plus long-tems; moi seul, à votre tête j'eus arraché la victoire à ces brigands atroces, où sous les débris de cette cité, devenue un vaste tombeau, nous aurions enseveli notre gloire commune. Mais les dieux ennemis de la crainte & de la peur, allument contre vous tous les feux de leur colere; j'entends leurs menaces terribles, je vois les serpens des filles de l'enfer accourir à leurs ordres, se dérouler dans les airs, & verser la mort sur ces lieux; le fier Dinocérés craint encore plus la honte que leur venin, j'irai dans d'autres contrées, je combattrai les tyrans, & je périrai en vengeant la liberté d'un peuple qui en sera plus digne que vous. En même tems, il jette son casque, se débarasse de ses javelots, & s'enveloppant de son pallium, il prend le chemin de Corinthe.

Le féroce Sparmedon dictoit des lois de sang aux corinthiens; la plus cruelle oppression suspendoit même les pensées innocentes, les villes ressembloient à de vastes solitudes habitées par de timides animaux ; la terreur, l'effroi & la crainte dévorante étoient les seuls sentimens qu'on connût en ces lieux. Le peuple frappé de verges étoit condamné aux travaux les plus durs, & le misérable salaire de tant de sueurs, retournoit encore dans le trésor du roi. Vingt mille Corinthiens s'étoient vu forcés, ou de se refugier dans l'Épire, ou de se donner la mort pour se soustraire aux vexations de ce roi ; Corinthe & ses dépendances étoient dépeuplées, & l'horreur de la misere avoit frappé son territoire. Cependant Sparmedon commençoit à se relâcher de ses rigueurs depuis qu'il s'appercevoit qu'elles ne servoient qu'à l'appauvrir. Son naturel farouche s'étoit un peu adouci, mais son sceptre commandoit toujours à des esclaves ; tout-à-coup Corinthe & ses cités présentoient une face nouvelle ; le commerce reprenoit quelque vigueur, l'agriculture se hâtoit d'employer ses efforts ; tout profitoit de la suspension de la tyrannie.

Dinocérès, après une marche longue à travers des routes sabloneuses & escarpées, étoit arrivé à Corinthe. Il se présente au palais, & demande un entretien de Sparmedon. Les satellites le repoussent ; Dinocérès insiste auprès de la garde ; efforts superflus ; il veut forcer ce passage, qui étoit si libre chez son pere. La troupe tombe sur lui ; il se bat avec courage, à la vue du peuple étonné de tant de hardiesse, & parmi les épées & les poignards. Au tumulte qui remplit le portique, Sparmedon arrive & se fait amener l'étranger. Dinocérès parle avec une pleine confiance ;

—Roi de Corinthe, dit-il, le renversement du trône de mes peres me conduit
dans ces lieux ; un dieu sembloit guider
mes pas vers l'immortel Anaxyre qui
paroît avoir vécu. J'ai été surpris de
l'insolence de ces soldats, à la vérité
garans de votre personne, mais non
chargés de repousser avec outrage ceux
qui viennent vers vous. Je ne me souil-
lerai pas du soupçon de croire que le
successeur d'Anaxyre, le grand Sparmedon, autorise la brutalité de ces satellites. Le prince n'est point un tyran,
mais les valets du prince, par leur arrogance, le rendent encore plus odieux
au peuple, & Sparmedon punira leur
audace.

Sparmedon, sans lui répondre, lui
indiqua l'heure où il pourroit mieux
l'entendre. Le lendemain, il le fit intro-
duire dans une salle reculée ; il étoit

seul & assis sur des coussins élevés. Il invita Dinocérès à prendre un siege. — Fils d'Artemire, dit-il ensuite, je n'ai point eu de peine à reconnoître en vous le souverain de l'Étolie; je suis informé déja de la ruine de votre empire. Vingt rois nos voisins avoient conjuré le renversement de vos lois ; Sparmedon n'est point entré dans cette ligue, car la distance & les moyens l'en ont empêché; vos principes, en effet, étoient destructifs de tout bon gouvernement, & j'eus cherché à les combattre.

Sparmedon s'étendit ensuite sur le genre de gouvernement où le peuple exerçoit par lui-même toute l'autorité ; il s'élevoit contre ses violences, que nul frein ne pouvoit réprimer, ses brigandages, que ni la vertu des femmes, ni les sentimens de la nature, ni la sainteté des tombeaux n'étoient capables d'arrêter. Il parloit de son acharnement à détruire tous les monumens du génie, à anéantir les merveilles de l'art, & tout ce qui peut aider à la culture de l'esprit & au développement des connoissances de l'homme ; il parloit du gouvernement du peuple comme de l'union monstrueuse de la fureur & de l'imbécillité ; il en parloit enfin, comme en parlent tous les tyrans. Dinocérès repoussoit toutes ces déclamations par de simples raisonnemens.—Lorsque le gouvernement du peuple, disoit-il, présente des atrocités, le peuple agit bien moins alors, que les furieux qui, en se colorant de popularité, se sont saisis des affaires, en ont écarté les citoyens modestes & instruits, & conduisent l'état à sa perte, à travers tous les genres de crimes ; ces hommes, ajoutoit-il, servent par leurs vexations, & la cause des rois auxquels ils donnent secrètement la main , & leur fortune dont ils s'empressent de combler le faîte , & leur réputation qu'ils cherchent à éle-ver , par un systeme de destruction, qui plaît fortement aux ignorans & aux barbares.

Sous Anaxyre qui régnoit avant moi, répondit Sparmedon , il se déborda dans Corinthe , un plan de gouverne-ment qui ramenoit tout à l'avantage du peuple ; on y traitoit les choses avec aussi peu de vraisemblance que vous le faites vous-même ; les nobles en furent révoltés. Ils proposerent un moyen cer-tain pour abattre l'audace des Corin-thiens, qui déja proclamoient la liberté avec ces vociférations usitées dans toute la Grece , quand on marche à une théo-rie. Anaxyre qui protégeoit la folie de Corinthe , fut indiqué comme victime ; il fut poignardé , & je régnai à sa place : depuis ce jour, tout est rentré dans l'ordre. — Peuple foible, s'écria Dinocérès, triste jouet des tyrans ! — Vous remonterez sur le trône, lui dit Sparmedon, & les Étoliens seront heureux. — Si les Étoliens ont préféré l'esclavage, repliqua Dinocérès, eh ! bien qu'ils le supportent ; un jour viendra que, rompant les chaînes qui leur sont données, ils reprendront cette liberté, qui ne se conserve que par le courage & la vertu ; que les tyrans soient à jamais détruits, que l'amitié fasse de tous les hommes, un faisceau, contre lequel viendront se briser toutes les fureurs, toutes les haînes, toutes les cabales, tous les genres d'oppression. — Que de reconnoissances vous attendent, répondit Sparmedon, car les peuples ne sont point ingrats. — Ah ! qu'ils se reveillent, s'écria Dinocérès, qu'ils rétablissent la liberté ; les premieres couronnes seront pour ceux qui l'auront conquise ; des inscriptions immortelles seront consacrées par le peuple a ses bienfaiteurs. Quand il tiendra l'autorité, l'intrigue ne poursuivra plus les dignités ; l'influence de la faveur n'agira plus dans les décisions , tout sera le prix de la noble ardour, & le civisme & la bravoure obtiendront des lauriers qui ne seront point souillés par la lutte impie de l'ignorant & de la présomption.

Tout-à-coup un bruit assez grand se fit entendre à la porte de la salle. Sparmedon fit entrer ses officiers qui lui annoncerent que le quartier de la ville qui regardoit le golfe d'Ambracie, venoit de se révolter , sur le prétexte qu'on avoit arrêté la sortie des galeres. Sparmedon étendit un pan de son manteau ; à ce signal, les officiers sortirent.

Ils rentrerent peu de tems après , & après avoir baisé en silence la chaussure de Sparmedon , ils sortirent de nouveau. — Vous voyez , dit le roi , de quels moyens je me sers pour faire rentrer le peuple dans le devoir ; un quartier de la ville s'est révolté ; j'ai fait signe qu'on y mît le feu & qu'on passât au fil de l'épée tous ses habitans. Mes ordres ont été promptement exécutés , &, depuis six minutes, le quartier d'Ambracie n'existe plus ; j'ai sacrifié ce côté de la ville pour conserver les huit autres ; je me trouve bien de cette maniere. En retranchant une partie , le reste en profite ; je pense qu'il ne sera plus question ni de révoltes ni de galeres.

Dinocérès ne put retenir son indignation. — Votre systême , dit le roi , est insupportable ; à quoi serviroit la douceur & la philosophie contre ces hommes que la flamme & l'épée retiennent à peine; vous agissez avec bonté, & l'on vous chasse; j'use de rigueur, & mon trône s'affermit; Dinocérès, changez de sentimens, ayez plus de grandeur d'ame; je vous estime assez pour tenter de vous faire remonter sur le trône d'Étolie. Rendez-vous à nos vœux, & soyez digne de nos efforts.

Dinocérès lui fit sentir l'inutilité de ses instances. — J'ai juré, ajouta-t-il, de servir la liberté des hommes & d'être l'éternel ennemi de leurs oppresseurs; ne me parlez pas d'un trône; si les Étoliens n'avoient point eu de rois, ils n'auroient peut-être jamais été vaincus; quoiqu'appellé au rang suprême, j'ai toujours abhoré cette supériorité de commandement qui m'isoloit de la foule des citoyens; je ne trouve rien de plus grand que le peuple, & l'éclat de la couronne & l'orgueil de la pourpre doivent disparoître devant sa majesté. Ô roi, suivez mes conseils, commencez à respecter vos sujets, rendez-leur de justes droits, des droits qu'ils doivent exercer par eux-mêmes ; sentez tout le prix de l'amour des Corinthiens, ou prévenez le pouvoir de leur haine.

Roi d'Étolie, lui dit Sparmedon, le tems viendra où vous vous éleverez à la hauteur de nos sentimens ; laissons aux réflexions, le soin de vous ramener aux principes de la plus saine politique ; arrêtons ici nos discussions ; Sparme-don vous cede encore une fois par l'estime qu'il a pour vous ; il vous offre son amitié ; son palais deviendra le vôtre ; jouissez-y de votre liberté & des plaisirs qu'on trouve à ma cour ; restez à Corinthe, jusqu'à ce qu'une meilleure fortune vous ramène en Étolie.

Le roi sortit ensuite suivi de gardes armés de haches & de massues; il se promena par la ville, en observant si la révolte des galères avoit produit d'autres mouvemens. Mais tout, jusqu'alors, lui parut assez tranquille, quoique dans une sourde agitation; Dinocérès étoit sorti d'un autre côté, le cœur irrité des fatales dispositions du tyran & de la douloureuse situation du peuple; il s'acheminoit tristement vers le golfe d'Ambracie. Cette partie de la ville offroit un spectacle déplorable; des debris de maisons épars ça & là, des amas de cendres, des cadavres sans tête, entassés sur le sol brûlé; un sang noir couloit le long de ce vaste cimetière. Dinocérès précipita ses pas loin de ce lieu de la douleur & de l'effroi; il se rendit dans les autres quartiers de la ville. Le mécontentement étoit à son comble & n'attendoit que l'occasion d'éclater; les esprits que l'adresse du tyran avoit su diviser, étoient réunis par la haîne commune; une sage discrétion dirigeoit la conjuration de toute une ville; on épioit la fortune, elle devoit rendre l'heure favorable & le coup décisif. Les chefs étoient nommés, & le peuple depuis long-tems s'étoit procuré des armes. Chacun avoit juré d'exterminer, enfin, la tyrannie & ses arrogans satellites, ou de disparoître avec Corinthe.

Dinocérès n'avoit pu se montrer dans les rues de la ville, sans être remarqué du peuple qui avoit été témoin de sa fermeté, lorsqu'il repoussa les gardes de Sparmedon, on le saluoit de tout côté; les uns l'entouroient en faisant éclater la joie la plus vive ; il sembloit qu'on le regardoit comme le libérateur de la ville, ou qu'on l'invitoit à prendre part aux vengeances des citoyens ; les autres jettoient sur son passage du myrthe & des lauriers. Dinocérès, par le signe de ses yeux, & la fierté peinte sur son visage, approuvoit tour-à-tour leur conduite, & cherchoit à leur transmettre sa fureur & son zèle. Il sortit promptement des quartiers, & se déroba aux regards perfides des espions du tyran ; à peine rentré au palais, Sparmedon voulut avoir un entretien avec lui ; Dinocérès se rendit sur le champ chez le roi. — Je suis informé, lui dit le prince, de l'accueil empressé que les Corinthiens vous ont fait ; on m'a insinué que les esprits avoient déja été travaillés par des émissaires que vous aviez répandus dans la ville, & qu'à la faveur d'un peuple avide de nouveau-

tés, vous espériez réunir leurs suffrages, & vous saisir de ma couronne....
Dinocérès ne put s'empêcher de lui té-
moigner toute sa surprise, sur des soupçons aussi odieux que ceux d'une coupable ambition. — Je ne doute pas, lui
répondit Sparmedon, qu'on ait cherché
à vous calomnier par trop de zèle pour
moi : j'ai rejeté ces rapports indiscrets,
qui n'ont rien affoibli de la confiance
que j'ai pour vous ; j'opposerai à ces
calomnies une confiance plus grande ;
soyez le chef de ma garde & de ceux
qui m'environnent ; commandez aux
forces qui veillent à ma sureté ; que
tout vous obéisse comme à moi. : . .
Dinocérès étonné de cette marque d'une
amitié insigne, gardoit le silence. —
Éloignez de vous, reprit Sparmedon,
des craintes que doivent dissiper ma
franchise & la sincérité de mon ame ;
je vous offre encore la touchante Ery-

phile, elle est digne de vous ; sa beauté, ce triste talent des femmes, ne sera point pour vous un don aussi gracieux que sa vertu, sa douceur & sa modestie. C'est la fille du grand Anaxyre, qu'elle doit vous intéresser ! A ces mots, il s'avança vers lui, & lui tendit la main.

Dinocérès, dans une contenance fiere & immobile, lui répondit qu'il étoit touché de ses offres obligeantes, mais que la beauté d'Eryphile & ses grandes qualités, pourroient moins sur son cœur que l'intérêt du peuple, qu'il sembloit devoir compromettre par ces offres séduisantes ; ah ! Sparmedon, ajouta-t-il, devenez enfin le frere des Corinthiens ; dépouillez-vous de cet orgueil qui vous présente des esclaves dans vos égaux ; rejettez cette politique atroce qui , tous les jours accroît le nombre de vos ennemis ; alors vous trouverez dans la reconnoissance du peuple , votre propre sûreté ; son amour sera pour vous la garde la plus assurée de votre personne.

Sparmedon , à ces paroles, chercha à dissimuler son ressentiment. — Votre constance cruelle, dit-il, à parler en faveur des Corinthiens , m'afflige & m'indigne; si vous vous obstinez à soutenir cette cause misérable, je persisterai dans ma conduite à leur égard; vous me menacez de leur vengeance, eh ! bien, je périrai plutôt que de leur céder; quoique vous m'accusiez d'une grande tyrannie, ne croyez pas cependant que je vous fasse un crime de votre persévérance; mon amitié & mon estime pour vous seront les mêmes; le roi qui a chéri le peuple, est bien libre de le chérir toujours ; soyez libre dans vos sentimens, comme je veux l'être dans les miens ; plaignez le sort des Corinthiens, mais laissez agir leur roi. Il se leva ensuite, & sortit brusquement.

Dinocérès sentit sans peine le but de cet entretien ; il vit dans l'inquiétude du roi, les sentimens divers qui l'agitoient, & démêla facilement, à travers ces démonstrations d'amitié, toute sa scélératesse. En effet, le tyran, frappé du mécontentement du peuple, dont il entrevoyoit les fatales conséquences, méditoit les plus grands coups pour prévenir le soulévement ; la jalousie unie à la lâcheté, lui présentoit Dinocérès comme un homme coupable & odieux, & ses offres généreuses couvroient la plus insigne perfidie; dès son arrivée à la cour de Corinthe, il l'avoit déja marqué pour victime, & ce soir même il devoit être assassiné.

Tout-à-coup, le bruit se répand que sur la place de Neptune, près du temple des Euménides, il s'étoit élevé une rumeur parmi le peuple, qu'un pré-texte frivole avoit produit; que Sparmedon, en voulant la calmer, sa présence seule n'avoit fait que l'accroître; que ce roi, ayant voulu user de rigueur, l'insurrection s'étoit étendue aussitôt dans toutes les parties de la ville; qu'une troupe de sa garde avoit été repoussée, & que le roi lui-même avoit été obligé de s'enfuir au palais. Sparmedon, armé d'un poignard, frappoit, dans sa fureur insensée, tous ceux qu'il rencontroit, sans même épargner sa garde; il cherchoit de tous côtés Dinocérès, voulant l'accabler de son ressentiment : mais Dinocérès se trouvoit déja au milieu des Corinthiens ; il les encourageoit & les exhortoit, en abattant la tyrannie, d'user de la modération des hommes libres & d'épargner le tyran ; mais le peuple avoit résolu de l'immoler aux mânes de leurs freres, égorgés pour des galeres. Sa masse terrible s'étoit portée autour du palais, dont elle avoit déraciné les portes. Sparmedon à la tête de ses soldats, avoit déja combattu, mais à la vue d'un peuple armé, dont les forces sembloient renaître continuellement, il s'étoit retiré dans les souterrains du palais. Là, il attendoit la nuit, espérant s'échapper, à la faveur des ténebres, mais ses plus chers confidens l'avoient trahi, & toutes les issues étoient fermées.

Sparmedon perdant tout espoir, voulut au moins périr en abattant encore des victimes; il reparut dans son palais, & fondit sur les flots du peuple qui en inondoit les portiques: là, armé d'un javelot, il repoussoit les groupes nombreux qui s'entassoient sur lui, jusqu'à ce que couvert de blessures, & épuisé de fatigues, il expira sous les coups de la multitude.

Par sa mort, les Corinthiens satisfaits, n'outragerent point ce corps inanimé, & lui donnerent la sépulture.

Après trois jours passés dans cette agitation, qui suit de semblables événemens, le peuple s'assembla pour reélire un roi. Ses suffrages tomboient sur Dinocérès.

Dinocérès, vivement affecté, lui fit sentir le danger d'une semblable élection; il lui représenta que, vainement on avoit abattu la tyrannie, si l'on élisoit un nouveau chef; que la liberté ne pouvoit s'en accomoder, que les lois les plus sages étoient inutiles devant celui dont l'autorité souveraine pouvoit continuellement, ou les éluder, ou les faire servir contre le peuple; & que le plus dur esclavage seroit la récompense de ceux qui ne savoient obéir qu'à des rois.

Le peuple persista, & même il posa la couronne sur sa tête. Dinocérès se débarrassa en frémissant de ces odieuses importunités; mais se voyant suivi d'une foule immense de citoyens qui le pressoient de leurs vœux, & remplissoient l'air de bruyantes acclamations, il entra dans le temple de la Victoire, & s'étant avancé jusqu'au fond du sanctuaire, il se poignarda au pied de la statue de la Liberté.

L'OMBRE

D'HELVÉTIUS.

L'OMBRE

D'HELVÉTIUS.

L'ombre d'Helvétius descendit un soir vers les monts de la Cerdagne, sur la frontiere des Pyrénées. Toute la France étoit en armes ; elle fondoit sa république que, depuis tant d'années, la ligue des rois s'obstinoit à combattre. Ses armées étoient puissantes, & chaque armée étoit opposée à plus d'un

roi puissant. Du côté de la Cerdagne,
la France tenoit aussi de nombreux
bataillons, chargés de venger sa querelle, & de mater l'insolence espagnole.

A quelques lieues de l'armée, de
bons agriculteurs, après avoir pressé
l'enfantement de la terre pour le besoin
des soldats, se rassembloient à la fin
des travaux, sous un vieux vestibule; là,
environnés de leurs nombreuses familles, pleines d'allégresse & de santé,
ils se livroient à d'utiles conversa-
tions.

Tantôt ils s'entretenoient de l'armée,
de ses fatigues, de ses exploits; tantôt
de la république, de sa gloire, de sa
puissance; enfin, de la concorde, des
mœurs & de l'amitié; & ces objets d'une
paisible discussion, étoient développés

avec autant de sagesse que de juge-
ment. Un raisonnement juste & profond, parmi ces cultivateurs, étoit le
résultat d'une grande tempérance qui
leur donnoit des idées extrêmement lu-
mineuses, de la paix des familles que
nul souci n'avoit encore troublée, enfin,
des succès de l'armée où se trouvoient
plusieurs de leurs fils, dont l'audace
étonnoit l'Espagnol.

L'ombre d'Helvétius s'arrêta sous le
vestibule, & lorsque chacun eût parlé
du courage & du culte, sujets dès long-
tems médités dans le cours des travaux
agraires, Helvétius parla à son tour sur
l'objet de l'entretien civique.

DU COURAGE

RÉPUBLICAIN.

LA République est formée de l'intérêt de tous ; au milieu d'elle s'exerce
l'empire seul de la loi. Assise sur les
faisceaux brisés du pouvoir arbitraire,
la loi se présente dégagée des nuages
qui couvroient autrefois les dieux.
Moins mystérieuse & aussi terrible,
elle supporte d'une main les glaives de

la vengeance, mais son aspect n'épou-
vante point, parce que de l'autre, elle
tient l'équerre de la justice. Les soins
de l'intrigue, la fougue de l'ambition,
les désordres de la cupidité & toutes les
dépravations de la société humaine,
sont garrottés à ses pieds. Son empire
présente le spectacle magnifique de la
justice honorée, des talens couronnés,
des vertus triomphantes. Ses citoyens
jouissent de toutes les félicités, puisque
les liens de la fraternité les tiennent
enlacés, puisque le bonheur public forme
l'ambition commune, puisqu'ils n'attestent leurs sermens que sur l'autel de la
liberté & de l'égalité, ces deux filles de la
loi, aussi belles que leur mere. Ajoutez à
la réunion des vertus paisibles, le mépris
superbe du danger, la valeur qui s'excite
aux combats, cette fierté de courage
que ne peut abattre la force même des
tourmens, & la république sera fondée.

Ainsi, l'homme qui, au sein de ses dieux domestiques, forme continuellement des vœux pour les triomphes de la patrie, qui donne pour parure à sa fille, de modestes vertus, qui conseille à son fils de cultiver la sagesse, sans redouter les arrêts des factions, qui pratique en tout point la justice, voilà le citoyen.

Ainsi, l'homme qui, sur le soir, se couvrant de son manteau, entre dans un temple écarté, s'approche de l'autel, à la lueur des lampes sépulchrales, enleve le couteau consacré à la fureur tyrannicide, & jure par un serment terrible de défendre la liberté, ou de périr avec elle, voila le républicain.

La force de la république dépend de l'union des vertus civiques & du fanatisme de la liberté. Ce gouvernement, ô citoyens, que vous avez établi où l'obéissance s'effectue sans autorité, où vos délégués, sans puissance, sont cependant environnés de la force qui fait trembler les rois, a, pour base principale, la vertu de courage.

Le magistrat, qui, chargé de l'exécution d'une loi, se voit poursuivi par des citoyens furieux, doit expirer au pied de l'arbre de la liberté, lorsque sa voix n'est plus entendue, plutôt que de céder au désordre ou à la violence. Lorsque vos guerriers, formés en épais bataillons, s'avancent sous leurs banderolles civiques, ils doivent s'immoler sans examen, plutôt que le javelot des tyrans ait souillé le sol où l'on vénére les dieux de la patrie. Vos femmes & vos filles, lorsque leurs époux, leurs enfans ou leurs freres, arrosent de leur sang, les plaines où se décide la double cause du despotisme & de la liberté, vos femmes & vos filles doivent, bien loin de pleurer leur mort, élever dans la solitude de leurs familles, de modestes monumens aux mânes de ces guerriers généreux; alors, en entrant dans l'intérieur de vos habitations, vous verriez une mere pleine de joie au milieu de ses filles, tressant des couronnes, les ornant de bandelettes, & disposant ces trophées simples & touchans, à la mémoire d'un fils mort pour obéir à vos décrets.

Tel est, citoyens, le caractere sensible de ce que vous appelez courage républicain: par lui, les dangers sont de foibles épreuves; par lui, on se précipite au milieu des piques & des dards, pour assurer la liberté publique; par lui, le citoyen ne s'effraye point des tourmens, quand il s'agit de la vie du corps de l'état.

Le peuple guidé par les lois qu'il a consenties, est capable des vertus les plus héroïques ; les peines, les privations, la mort même, sont pour lui des voluptés ; les obstacles insurmontables s'abattent devant son courage ; la marche de ses victoires est rapide comme l'éclair, il reduit en poudre & les barbares & les rois qui le calomnient. Tant d'efforts n'ont pour sentiment que l'obéissance aux lois. Il s'excite par l'enthousiasme des récompenses ; il sait que les couronnes de la liberté seront pour ceux qui l'auront conquise ; s'il périt en combattant, & couvert de blessures, il expire dans la douce pensée que son nom sera inscrit sur une colonne immortelle qui attestera les bienfaits que le peuple accorde à ses défenseurs; plein d'allégresse, il jette un dernier regard sur les champs de la vie, & préfere les plaisirs du tombeau.

Ô vous, réunis sous ce vestibule, où flotte ce pavillon, monument de tant de gloire, le courage républicain n'est point nouveau pour vous. Modeles des peuples à venir, ô Français! vous étonnerez l'univers par le récit de vos actions glorieuses; vos enfans seront fameux, puisqu'ils auront l'énergie de leur pere. Leur courage s'excitera par de si grands souvenirs; ils diront: ni les rigueurs de la saison, ni les ardeurs d'un ciel dévorant, ni trente tyrans réunis, n'ont pu les abattre; leurs bataillons étoient plantés dans des marais, ou disposés dans des champs de glace, ou parmi des contrées ennemies, parce qu'un général les y avoit placés; avoit-

il donné l'ordre ; ni l'étendue des pré-
cipices, ni la hauteur des murailles,
ni des brigands accumulés, ne pouvoient les arrêter. Toute la république
sembloit alors une plaine immense, où
un peuple innombrable étoit partagé en
phalanges belliqueuses, les maisons
étoient des tentes & les villes n'offroient
que l'aspect des camps, d'où s'élevoient
de tous côtés, le bruit des armes & les
chants de la guerre ; si nos peres ont
laissé leurs cendres dans les champs,
où ils ont tant de fois combattu, ils
nous ont transmis au moins leur courage, & la république peut compter sur
des défenseurs aussi indomptables que
les premiers.

Citoyens, remplis de l'énergie qui
confond l'espoir des tyrans, si vos
étendards plantés avec tant d'audace
au sein de la Hollande, sur la tête des

Alpes, sur la cime des Pyrénées, attestent si grandement ce caractere superbe
& hardi, que donne le genre de votre
gouvernement, il vous convient de gra-
ver vos enfans de ce même caractere, de
tourner vers l'ardeur de la gloire, la
mobilité de leurs premiers sentimens,
d'imprimer sur leur front cette fierté
nationale qui insulte à l'alliance des
rois, de les remplir du courage républicain qui fait la force de votre liberté.
On ne vous conseille point comme à
Sparte de leur donner une instruction
féroce, de les rassembler autour de la
statue de Diane, & de les déchirer à
coups de fouets pour leur faire supporter
la douleur, & pleins d'un atroce plaisir, de les voir endurer ces tortures
avec une constance incroyable; au con-
traire, usant de la douceur de ces Indiens qui chassent de leurs tribus, le
barbare qui a frappé un enfant, con-

duisez-les dans des champs parés de fleurs, près des ruisseaux & sous l'ombre des feuillages ; intéressez leur ardente curiosité, & au lieu de romans dégoûtans & absurdes, ou de contes de spectres hérissés de serpens, ornez vos discours de la parure de la fiction, & parlez toujours de la patrie & du courage républicain. Ces contes philosophiques deviendroient peu à peu la matiere chérie de leurs entretiens innocens ; déja témoins de vos triomphes, ils lutteroient avec vous d'héroisme & de zèle, & bientôt l'on ne sauroit laquelle donneroit le plus d'espérance, ou de la génération qui existe, ou de celle qui s'éleve.

Si vous vous êtes rendus les instituteurs de ces jeunes citoyens, les femmes doivent devenir les vôtres ; car le courage républicain se soutient encore

par les efforts communs des membres
de tout l'état ; si leur enthousiasme est
si terrible quand il ne raisonne pas, il
peut enfanter des héros quand il est
bien dirigé : alors toute leur éducation
ne se fonde que sur ces principes, la
modestie & l'amour de la liberté ; alors les
mœurs se vêtiront de gravité, & l'in-
conséquence des premiers âges évitera
l'aspect de la vertu austere : au lieu de
ce mélange d'orgueil & d'ignorance qui
formoit leur caractere, la douceur se
liera avec la sagesse des conseils qui
indique le succès. La beauté feroit couler l'amour & la gloire dans les veines
de la jeunesse ; ses charmes souriroient
à la valeur, & ce sourire repousseroit
les tyrans. Bientôt pour exhorter Brutus
à ne point différer la mort de César,
une de vos compagnes se feroit de
larges blessures pour vous prouver que si
elle rit des souffrances, elle peut don-

ner aussi un avis salutaire ; bientôt, en retirant de son sein, un glaive tout sanglant, elle diroit à son ami, que le poignard ne fait point de mal, & qu'il empêche de commettre des lâchetés, ou pour ne point survivre à sa honte, elle tomberoit aux pieds de son époux, & lui remettroit les armes qui vont fonder la république ; ah ! sans doute, elle sera solidement établie, car il ne faut pour assurer la République, que la valeur des hommes, la sagesse des enfans & la vertu des femmes.

DU CULTE

RÉPUBLICAIN.

Helvétius continua ainsi :

Un citoyen qui, au lever de l'au‑
rore prend ses armes, marche à travers
l'équivoque obscurité, encore répan‑
due dans les rues solitaires, entre dans
le temple, & posant son épée sur l'au‑
tel, la consacre à la victoire, & invo‑
que toutes les vertus qui environnent

les héros; ce citoyen donne l'idée du culte le plus sublime. Il ne s'abaisse point devant des prêtres, il ne se traîne point sur les marches du sanctuaire; il ne fatigue point les colonnes des marques ridicules de ses vœux; son ame fiere se croit l'égale de la liberté qui préside dans ces lieux, de la justice qui s'offre à ses regards, du courage qui s'anime de la vertu. L'aspect de ces objets touchans le remplit tout à la fois d'intrépidité & d'héroïsme, & par la docilité qu'il prête à ces grands sentimens, qui s'entassent avec force dans son cœur, il rend un hommage sensible à la divinité puissante, qui dispense les années de la république, qui donne la vigueur aux citoyens, & dispose les victoires. Ainsi l'hommage de ce citoyen n'est donc que le serment continu d'exterminer les rois, & de venger la patrie. Il sort, plein d'audace, du temple; il

se croit animé de la voix des héros,
dont il a vu les images; la mort n'est
plus rien à ses yeux, il court aux
champs où le despotisme & l'égalité
combattent, & s'il tombe après avoir
chassé les ennemis, il s'écrie avec courage : j'ai vu la patrie libre & je meurs
plein de joie.

Tel est l'effet du culte républicain :
il forme les héros, parce que la confiance, l'union, l'amitié environnent ses
autels, & leur enthousiasme s'excite
devant la statue de ces grands hommes,
dont la gloire occupera les races
futures.

Ô souvenir triste & pénible, lorsque
les enfans de la contrée s'assembloient
dans leurs basiliques; quel républicain
qui eut pratiqué le premier culte, n'eut

pas reculé d'effroi à la vue de ces autels, chargés de deuil, de ces draps mortuaires, de ces crucifix hideux répétés sur toutes les faces du sanctuaire; de quel saisissement n'étoit-on pas frappé à l'aspect de ces tombeaux, de ces ossemens, de ces figures de mort apperçus à la lueur des lampes sépulchrales, de ces prêtres vêtus de noir, qui, du haut de leur tribune, appeloient d'une voix effrayante, la troupe de démons, & sembloient secouer leurs torches sur l'ame des auditeurs épouvantés. Alors, on sortoit de cet horrible lieu, se croyant poursuivi par l'enfer. On n'étoit entouré la nuit que de spectres homicides, ou de fantômes menaçans. Le silence suspendoit la joie des familles; la tristesse, l'inquiétude, les soucis dévorans & toutes les hideuses compositions de l'esprit s'attachoient après vous, & leurs supplices étoient pires que les douleurs du feu. On invoquoit le ciel, on invoquoit les ministres, & si ces prêtres atroces repoussoient enfin ces tourmens du désespoir, pour prix de tant d'humanité, ils demandoient une pleine soumission à leur volonté sainte. On obtenoit la paix à l'aide des oraisons, & les démons étoient en fuite; mais cette soumission, qui étoit le tribut accordé à la perfidie, garrotoit le citoyen, sanctifioit le lâche despotisme des prêtres, autorisoit l'insolence des nobles, & consacroit la tyrannie des rois.

Le culte ancien n'étoit donc qu'un respect outrageant pour la divinité ; on la redoutoit, on redoutoit encore plus les démons ; & les hommes, sans espoir, déplorables jouets des ministres sacrés, descendoient au tombeau, pleins de l'effroi des jours à venir ; ainsi une cabale de ces prêtres menteurs, unie à l'adroite conduite des rois, gouvernoit tout un peuple par la seule forme du culte. Ce n'étoient pas des citoyens, c'étoient de vils animaux, toujours agités du sentiment d'un dieu armé de foudres, remplis de la pensée de l'enfer entrouvert, de l'image de prêtres menaçans. L'imagination étoit si pervertie, qu'elle honoroit le tonnerre du ciel & le brasier des enfers ; bientôt le culte s'étendit, & l'on adora l'impiété des rois, l'impudeur des nobles, la sottise des femmes & l'arrogance des valets. Ainsi toute la vie de ces misérables, n'étoit qu'un culte perpétuel, & pour recompenser une si étrange soumission, les prêtres promirent le ciel, pour y pratiquer encore un autre culte aussi incroyable que les autres.

8

Mais lorsque la vérité déchira ces prestiges, que la lumiere repoussa l'imposture, que la république culbuta les nuages formés par l'intérêt, alors un nouveau tableau se présenta à vos regards surpris. La liberté forma ses bataillons, & la vengeance précéda les drapeaux ; les prêtres & les rois furent impitoyablement brisés, & sur leurs corps abattus, on éleva un autel à un nouveau culte, le culte si touchant de la liberté. Les temples où, tant de fois, on avoit sacrifié aux mensonges, furent purifiés. Tous les saints disparurent à la hâte devant les emblêmes sacrés des citoyens, & les banderoles augustes de la victoire ; les prêtres se confondirent à jamais dans la nuit de l'oubli, la morale prit la place des fades paraboles, & la liberté sainte succéda au dieu qui occupoit le sanctuaire.

Le temple prit tout à coup une face nouvelle ; on y vit le courage républicain, assis à l'entrée sur des amas de boucliers & de javelots ; dans le fond, la statue de la Liberté, les mains étendues, un pied posé sur des couleuvres qui expirent, l'autre pied chaussé d'un brodequin & embarrassé dans des couronnes ; la tribune de la morale étoit dressée sur la tête de mille serpens, toujours renaissans & toujours abattus ; vis-à-vis, étoient les droits de l'homme, dans un cadre de faisceaux en sautoir, avec des nœuds en fleurs. Vers le milieu du temple s'élevoit un autel sur lequel étoient confusément rassemblés des poignards, des boucliers en travers & des javelots ; c'étoit sur cet autel que les sermens étoient consacrés, & les citoyens venoient y jurer qu'ils n'auroient pour objet de leur culte, que la

fraternité qui unit l'univers ; que la
justice qui pardonne à l'égarement, que
la valeur qui fait trembler les rois.

L'OMBRE d'HELVÉTIUS disparut
ensuite.

FÉLIX

ET

LES TROIS OPPRIMÉS.

Ce petit roman, imprimé avec des notes, en 1791, (*vieux style,*) sous le titre de CRAON, fut bien accueilli du public ; les journaux en rendirent un compte favorable.

FÉLIX

ET

LES TROIS OPPRIMÉS.

FÉLIX venoit d'exposer à quelques étrangers échappés aux fureurs de la tyrannie, les merveilleux efforts qui signalerent les jours naissans de notre liberté. Amis, leur dit-il ensuite, les

contrées d'où vous sortez sont encore
flétries par le despotisme, ravagées par
l'ambition, ou désolées par les crimes ;
vous avez vécu parmi ceux qui les
habitent, & vous avez partagé leurs
misères ; je desire connoître vos malheurs, & le pénible état de tant d'opprimés ; ils m'intéressent tous & je brûle
de les secourir ; dans ces régions loin-
taines, on doit parler des Français ; si
leur courage révolte les tyrans, il doit
au moins soutenir leurs esclaves ; &
l'influence d'une nation déja célèbre
sur la terre, faisant succéder à la sanglante tyrannie, la touchante & pacifique liberté, doit porter le réveil dans
ces cœurs abattus, & répandre par-
tout l'espérance.

Je remplirai votre desir, dit Speneu,
si la liberté ne sourit qu'à ceux qui sur-
montent les obstacles dont les despotes

l'environnent, jugez par nos efforts, si nous sommes dignes de ses faveurs.

Je suis né sur les bords de la Moska, dans l'une des écuries du Crémelin, ou ancien palais. A vingt-huit ans, un noble, ou boyard, me plaça parmi les gardes qu'on opposoit aux Tartares. Cette milice s'étant révoltée par la barbarie de ses officiers, elle fut cassée avec ignominie, & l'on condamna deux mille soldats au knout; je reçus pour ma part trois cents coups de ces terribles fouets; ce traitement cruel fait à un brave soldat, qui n'étoit pas cause de la révolte de tant de bataillons, me fit murmurer contre l'injustice des boyards; cette plainte me valut encore trois cents coups de ce même knout, & l'un de nos officiers, qu'un orgueil insensé acharnoit après moi, me fit transporter en Sibérie; là traînant une vie misérable, j'étois obligé d'aller à la chasse avec quelques autres exilés, & je parcourois les bois à la lueur boréale; tous les mois il falloit fournir au gouverneur de Sibérie, douze peaux d'hermines, quatre de renards noirs, autant de zibélines & de martres; le premier mois alloit expirer, & je n'avois encore rien pris; je résolus d'éviter le châtiment cruel qui m'étoit réservé, & aux risques des plus grands malheurs, je me déterminai à rompre mes chaînes.

Un soir, profitant du sommeil de mes gardiens, je me dérobai avec une vitesse incroyable; la neige qui tomboit en abondance favorisa ma fuite; je fis deux lieues à travers des périls sans nombre, & j'errai trois jours dans ces climats affreux, ne me nourrissant que de gâteaux de poisson sec. Il y avoit long-tems que les terres de l'impératrice étoient loin de moi lorsqu'un matin je fus apperçu par une troupe de Calmouck qui viennent aux environs des frontieres, rendre de pieux devoirs aux tombeaux de leurs ancêtres : ces ennemis des Russes m'eurent bientôt atteint ; ils m'attacherent à la queue de leurs chevaux , & me traînerent ainsi l'espace d'une lieue : Arrivé dans leur step ou désert, il falloit tous les jours soigner leurs bêtes ; j'allois traire les cavales, & suivant leur coutume , j'enfermois le lait dans des peaux fraîches ; il falloit encore porter sur le dos une partie de ces outres , & suivre ainsi ces nomades dans leurs courses vagabondes. Les Kaïkas & les Mongous leur ayant déclaré la guerre, je profitai de la querelle de ces brigands pour m'échapper ; la bataille se donna près de Borac ; les Calmoucks furent défaits, & trente mille des leurs, resterent sur la place ; je me mis au nombre des fuyards, & porté sur un cheval calmouck, je poussai vers la gauche; arrêté à tous momens par les Usbecks, je leur appris que j'étois chargé par les Kalkas vainqueurs, de porter à l'impératrice la nouvelle de leur victoire; ils ne s'opposerent plus à mon passage, & même quelques-uns d'entr'eux rangerent avec moi les côtes de la mer caspienne. Ils s'arrêterent à Astrakan où le commerce les appeloit, c'étoient des marchands du Karasm; ils vendoient du caviar & venoient à la pêche de l'esturgeon.

J'étois alors sur les terres czariennes, mon premier soin fut de m'en éloigner; à l'aide de mon cheval calmouk, je traversai en peu de tems la triple contrée des Cosaques & la contrée des Tartares du Krim; si je parcourus cette vaste étendue avec la vitesse de l'éclair, n'en soyez pas surpris, les chevaux calmouks sont infatigables; ils font plus de trente lieues par jour, & continuent ainsi huit jours de suite.

Je vendis ce malheureux cheval en Podolie, sur les frontieres de la Polska. Les Polonais à l'envi, voulurent l'acheter; un étranger qui m'offrit mille florins, l'obtint aussi-tôt; mais quel fut mon effroi, quand je découvris, dans cet homme, l'officier russe qui m'avoit fait conduire en Sibérie; il m'arrêta par ordre de l'impératrice, & remit les florins dans sa poche; ce russe impitoyable qui se rendoit à Vienne, où je ne sais quoi l'appeloit, me fit traîner à la mine de Wilitza; il devoit me reprendre à son retour, & me ramener en Sibérie; je descendis dans la mine profonde, déplorant ma triste destinée. Un des chefs de la sombre

république, touché de mes malheurs,
& outré de l'injustice du Russe, me
facilita les moyens de sortir de ce tombeau. Il s'embarrassoit peu des suites
de sa négligence volontaire ; placé
parmi les mineurs qui soulevoient les
battawanes, je transportois avec eux
ces masses de sel aux moulins de
Cracovie.

Un jour que la troupe abattue par
un excès d'hydromel, restoit étendue
sur la glace des chemins, je disparus
tout d'un coup, je m'enfonçai dans les
défilés de Hongrie, bénissant le ciel
qui me rendoit la liberté ; mais bientôt
des Abares, des Cicules, des Sclavons
me surprirent, & m'enveloppèrent de
flammes ; — c'est un espion, s'écrioient-
ils, brûlons cet espion du Waivode.
Je faisois des cris horribles pour sus-
pendre l'empressement de ces barbares.

J'implore votre secours, m'écriais-je,
ne repoussez pas celui qui se confie à
des hommes généreux ; j'ai échappé
comme vous aux fers de l'esclave, &
c'est parmi vous que je cherche un
asyle : mes larmes, mes prieres, ma
voix suppliante, désarmerent ces sauvages ; ils me conduisirent dans leurs
repaires, où je restai à l'abri des
tyrans. Un habitant du Themeswar,
que la férocité d'un comte ou Bannat
avoit aussi poussé sur ces roches arides,
ennuyé de la vie sauvage qu'il menoit
depuis quatre ans, résolut de quitter
ces cavernes affreuses ; je voulus partager
ses périls ; nous profitâmes de l'absence
de nos Huns qui chassoient l'auroch ou
bœuf sauvage dans le fond des vallées ;
munis d'écus d'or, nous suivîmes sur
un même cheval, les détours des monts
de la Hongrie ; l'habitant du Themeswar
devoit se rendre aux environs de l'Elbe

ou de l'Oder, & moi, j'allai chez Basilof que la fortune tenoit fixé dans le duché de Wirtemberg; après avoir passé trois rivieres à la nage, nous nous assîmes assez près du chemin de Vienne, cherchant quelque repos à l'ombre des buissons; la vue de l'officier Russe qui passoit à mes pieds, monté sur mon Calmouk, me poussa bientôt dans la chaîne des monts Morawes; je quittai mon compagnon, & j'emportai les écus d'or. J'échappai par des chemins couverts au noble qui m'avoit apperçu : après trois jours d'une course pénible, je laissai derriere moi les champs de Moravie, je me trouvai en Osterich, sur les terres que le Danube arrose.

Un Saxon malheureux comme moi, regardoit tristement ce fleuve; — ô destin cruel, disoit-il, mes talens m'ont acquis des richesses , j'ai été honoré de la faveur du Palatin, le duc de Mecklenbourg m'a comblé de bienfaits, mais des nobles m'ont dépouillé de tout, en disant qu'il n'appartenoit qu'à des nobles d'être riches, ils ont enlevé ma femme & mes enfans qu'ils ont vendus à un Pancerne polonais, les barbares n'auront pas mon corps ; je me jette dans le Danube : il disparut en effet.

Plus loin étoit un autre misérable qui se mettoit en devoir d'imiter le premier. — J'ai été chassé de Prague, disoit-il, parce que je dansois mieux que le bouffon du régent; j'ai murmuré contre cet ordre inique, & l'on m'a conduit sur la frontiere, en frappant de verges mes épaules découvertes, je ne puis survivre à cette indignité ; il s'ensevelit aussi dans le fleuve.

En traversant Passaw, j'entendis ces mots derriere moi! oui, c'est Spenheu, c'est lui, n'en doutons point. Je tournai brusquement la tête, & je vis sur mes pas un homme pâle & défiguré. — Spenheu, disoit-il, ne reconnoissez-vous plus Basilof? — quoi! c'est vous, m'écriai-je, vous Basilof, dans quel état, & par quelle suite d'événemens!... —J'ai été dépouillé & chassé de Stutgard, dit-il, & depuis six mois, je cherche la fortune en Bavière, mais ce pays est plus horrible que l'autre : maltraité par des commis, des douaniers, des prévôts, j'ai trouvé la mort sur ces lieux; un préposé de l'empereur m'oblige tous les jours de descendre dans l'Iltz, pour y draguer des huîtres, c'est le plus intraitable allemand de l'empire germanique, il me brise la mâchoire quand j'ai raison ; il m'étouffe entre deux planches si j'ai tort ; tous les jours des peines pécuniaires ; je frémis de voir le monde entier gémissant sous de tels oppresseurs ; ces vexations n'auront-elles pas un terme, je sais qu'une nation généreuse travaille au bien du genre humain, mais ce bienfait n'est pas encore pour nous. Ah ! Spenhou, prenez pitié de Basilof, si vous allez à Moscow, peignez mon état au patriache, aux popes, à l'archimandrite, je les crois charitables, ils me délivreront. — Ne faut-il que de l'argent, repris-je avec vivacité, mon cher Basilof, prenez tout ce que j'ai, portez ces écus à l'officier de l'Empereur, & fuyons ensemble.

Basilof, après m'avoir arrosé de ses larmes, courut plein de joie vers son maître, & j'allai à l'auberge attendre son retour.

Je raisonnois sur ces événemens déplorables , sur le courage de ces hommes
qui préférerent la mort à la perte de
leur honneur & de leur liberté , je
m'applaudissois enfin du bon emploi
des écus d'or , lorsqu'à travers les fenêtres , je vis passer mon éternel officier
russe qui voloit sur mes traces ; l'habitant
du Thémeswar suivoit à ses côtés , lui
montrant la route du Wirtemberg ;
celui-ci couroit après les écus d'or ; à
cette vue effroyable , ma respiration
s'arrêta , mes genoux tremblerent , &
je tombai sans mouvement , il me sembloit les voir tous les deux se disputant
la gloire indigne de m'arracher la vie.
Mais ils ne parurent point , je ramassai
le peu de force qui me restoit , & je
pris la fuite par une route opposée ,
sans songer à Basilof ; je montai un
cheval morlaque , dirigeant ma course
vers les terres de la Suisse ; à une lieue

de la ville , un marchand qui portoit
des fromages à la foire de Resengsburg
ou Ratisbonne , crut reconnoître son
cheval dans mon morlaque , — vous
êtes, s'écria-t-il , du nombre de ceux
qui nous pillerent sur le chemin de
Munich, & qui m'enlevèrent ce cheval;
votre air effaré dépose contre vous , &
je vous traîne devant les magistrats.
— Ce morlaque , lui répondis-je , vient
de Passaw , ceux qui me l'ont vendu
y sont encore , courez les y surprendre ;
mais le cheval est à moi , & je compte
le garder ; en disant ces mots , je pressai
les flancs du morlaque , & je m'éloignai
bien vîte.

Un houland , que je rencontrai plus
loin , m'effraya d'autre maniere ; il
tournoit autour de moi ; & empêchoit
mon morlaque d'avancer. — Camarade ,

dit-il, où courez-vous? — ne le -voyez-vous pas, lui dis-je, je vais en Suisse, au pays des Grisons. — Y menez-vous ce cheval? — assurément, — camarade, dit-il, ce cheval m'appartient, & ne vous suivra pas; lorsque nos houlands furent battus par vingt paysans, ce cheval emporté par la frayeur, me jetta dans un marais, & disparut vers le Bavière, j'ai déserté pour le ravoir; mes recherches jusqu'à ce jour ont été inutiles, mais le voici, camarade, je vous rends grace. En même-temps, il me prit par une jambe, & se mit en devoir de me jeter à bas.

Je me défendis avec courage contre ce scélérat qui vouloit se saisir du cheval, sans m'en payer les frais, sans m'en offrir un cratzer; je parvins à le culbuter & à la jeter loin de moi.

Je précipitai ma course, & j'arrivai sur les bords du lac de Constance qui baigne de ce côté la lisiere d'allemagne ; avant de m'embarquer, je vendis ce morlaque qui pouvoit me causer d'autres peines, & j'abordai enfin sur des rivages libres.

L'espérance de voir mes maux se terminer, & de respirer sans crainte, loin du russe, me consoloit dans mes déplaisirs & repoussoit mon chagrin ; j'étois dans Saint-Gal, l'un des dix alliés de la fédérative Helvétie, marchant modestement à pied, sans cal-mouck ni morlaque, à l'abri des soupçons : à peine avois-je fait cent pas, que deux hommes s'emparerent de moi, & me traînerent dans la prison publique ; — on vous arrête, me dit l'un de ces estafiers, parce que vous êtes Français ; quelle raison vous porte ici ? venez-vous troubler la paix des alliés. L'Abbé n'a pas besoin de vos loix nouvelles.

J'étois tout stupéfait, & je considérai ces deux hommes sans rien comprendre à ce qu'ils disoient ; je n'avois jamais cru que ce fût un crime d'être Français, & je m'applaudissois d'être sujet d'un czar ; — mes amis, leur répondis-je, je suis né dans une écurie du Crémelin, seroit-ce un crime, mes bons amis, de quitter la moska, de passer sur vos terres, & d'aller chez les Grisons ; à ces mots, ces stupides, sans m'honorer d'une parole, ouvrirent les portes de la prison, & me jeterent rudement dehors ; je fuyois à toutes jambes, pestant contre les Suisses. Arrivé chez les Grisons, autre bisarerie ; de jeunes filles m'ornerent de rubans & me promenerent dans les rues de Coire ; — C'est un Français, disoient-elles : voilà le défenseur des droits de l'homme, vivent les Suisses & les Cantons, vivent les Français destructeurs des tyrans. Durant cinq jours se succéderent des fêtes magnifiques. — Qu'est-ce que tout ceci, disois-je en moi-même, & d'où vient ce boulversement général? pourquoi les Suisses de Saint-Gal traitent-ils si durement ceux que leurs freres les Grisons ne craignent pas d'adorer? pourquoi cette gaieté folle & ce sombre mécontentement que les mêmes hommes inspirent.

Un soir que je marchois, entouré de gens qui remplissoient l'air d'acclamations, un homme me tira avec force à l'écart, c'étoit mon Basilof. — Spenheu, disoit-il, dans quelle sécurité êtes-vous? l'orage le plus terrible est celui qui va fondre après ces jours pompeux; l'officier russe ne pouvant vous trouver, revenoit en Baviere ; aux portes de Passaw , un houland qu'il rencontra vous a trahi , & a montré les chemins que vous teniez ; le russe insensé s'est jeté sur vos traces , dans l'espoir de vous rejoindre , & de détruire un misérable qui semble le braver. Il m'envoye en avant pour vous surprendre ; le hasard qui m'appelle à son service , m'a découvert ses projets funestes , & l'objet de ses fureurs ; ah ! Spenheu , redoutez ses poursuites, ce fou parcourroit l'univers , pour égorger un homme du peuple ; partez , sans différer , retirez-vous chez les Français, la justice & la sûreté se trouvent parmi eux , ils protegent les plébéiens , & humilient les superbes.

Je voulus embrasser le bon Basilof, mais il disparut aussi tôt dans la foule. Je courus tout essouflé chez l'avoyer ;

je suis pénétré, lui dis-je, des distinctions dont votre ville m'honore, ma reconnaissance & l'estime des Français ne connoîtront pas de bornes, je vous quitte à regret, une nouvelle subite me rappelle dans ma patrie, & rend dès ce moment mon départ nécessaire.

L'avoyer me fait donner des guides & je pars aussi-tôt. Après des détours innombrables dans les Cantons, je vins tomber près du Lac de Geneve; une gondole me transporta dans la ville des Genevois, & j'arrivai enfin dans les Jura, dans ces monts sauvages, que le culte de vos lois rend préférables aux champs fertiles de l'Uckraine, aux belles plaines de la Pologne, aux riches contrés de la Bavière.

Vos infortunes me touchent, dit Félix, mais la conduite de votre offcier m'irrite ; quel acharnement, quelle fureur brutale contre un homme foible & sans ressource ! ah ! secourons ces contrées où sont encore les despotes, où la fierté, le caprice, la barbarie dictent des lois de sang : oui, ces destructeurs disparoîtront, & avec eux la politique atroce ; la liberté brisera les tyrans, unira tous les hommes & regnera sur les empires ; le peuple ne sera plus étranger dans sa patrie, les distinctions seront anéanties, les dignités lui seront ouvertes, & son choix ne sera plus contraint dans une classe ennemie. L'intérêt, l'ambition, les passions farouches ne souilleront plus les nœuds de la fraternité ; c'est en vain que la sottise & l'orgueil entassent des remparts, tous ces obstacles s'abatteront devant la loi qui va lier l'univers.

Oui, malgré la rage des boyards, dit Spenheu, la Russie verra la lumière dont les Français ont investi l'Europe. Ô mes compatriotes, vous jouirez aussi de leurs bienfaits.

Que n'ais-je, comme vous, cet espoir, dit Hirckond ; helas ! où trouver les Persans, où chercher leur pays ? des ruines, des cadavres, des monceaux de cendre le couvrent tout entier ; sont-ce sur ces débris horribles que brilleront les jours nouveaux ? — Vous m'effrayez, dit Félix, parlez, ô Mirza ! — Quelle fut l'issue de nos projets sublimes ! reprit Hirckond, les généreux efforts des Français nous avoient transporté ; pleins de l'enthousiasme de votre conduite, nous voulions, comme vous, changer la face de notre empire ; la mort du Sultan nous en donnoit l'occasion ; mais les Persans inconstans, égarés, ont eux-mêmes détruit l'édifice qui s'élevoit pour leur bonheur, & se sont forgés des fers plus pesans que les premiers : dans quel abîme se précipite le peuple, lorsque délivré de ses chaînes, il ne l'est ni de ses habitudes ni de ses préjugés, & qu'emporté par un zèle indiscret, il se laisse toujours dominer par les erreurs anciennes.

Deux ans avant ce désastre effroyable, dit Hirckond, l'empereur Ussum-Abbas m'avoit conféré la satrapie du Kerman ; je me fis chérir de toute la province par mon amour pour la justice, & mon zèle contre l'oppression ; quoiqu'élevé dans les maximes du sérail, la politique cruelle des tyrans me fit toujours horreur, & toute ma vie, j'ai repoussé loin de moi ces manœuvres odieuses qui ne tendent qu'a écraser les peuples. Le Sophi étant mort sans enfans,

les principaux de l'empire se saisirent
du moment favorable, & remirent l'autorité suprême à un conseil ou Cha-
divan, composé des treize kans ou
gouverneurs de la Perse. Le conseil
souverain forma, dès le premier jour,
le dessein de soulager les peuples, &
de les faire sortir de l'esclavage ; nous
établîmes des lois sages, la puissance
des Visirs fut resserrée ; on arracha aux
troupes leur despotisme militaire ; des
supplices cruels enfoncerent la crainte
dans l'ame des magistrats coupables ;
la justice fut rendue à tous les malheureux, l'agriculture enfin & le commerce se dégagerent de leurs entraves :
déjà, depuis vingt jours, nous dispen-
sions aux peuples vos dons inappré-
ciables, lorsque les grands, irrités de
ces changemens qui les contraignoient
trop, résolurent la ruine du Cha-divan,
& souleverent par leurs efforts criminels,

le peuple de l'armée. Voici de quelle maniere se fit cette prompte révolution, qui porta sur le trône un nouveau Kouli-Kan.

Quelques jours avant le Rhamazan sacré, les factieux ne cessoient de déclamer contre la réforme, empoisonnant nos actions par la plus basse calomnie. Ils insinuoient que c'étoit moins le bonheur des Persans que nous avions en vue, que le projet d'assurer notre pouvoir, afin de mieux les dépouiller. Le peuple travaillé par leurs harangues séditieuses, se souleve aussi tôt ; & sollicite la destruction du Cha-divan, il demande un nouveau Sophi, il veut qu'on rétablisse l'ancien état des choses ; bientôt, il menace de mettre le feu à l'endroit où le conseil se trouvoit réuni ; dans cette terrible situation, le Divan cherche les moyens de ramener les esprits ; Ilgourn, Hussein & moi, nous allons au - devant de la faction furieuse ; des esclaves abyssins nous ayant élevé sur leurs épaules, Ilgourn porta la parole. — Mes amis , dit-il, vous demandez un roi, ne vous souvient - il plus des cruautés d'Ussum-Abbas , & préférez-vous vos anciennes miseres à la douce paix, dont vous jouissez maintenant ; que reprochez-vous aux kans ? je ne vous rappelerai pas leurs bienfaits , mais se peut-il que vous les ayez sitôt oubliés ; helas ! c'est moins votre ingratitude qu'on doit en accuser que votre facilité à vous laisser surprendre ; on vous souleve par d'odieuses pratiques ; de perfides insinuations égarent votre confiance ; ne vous y trompez pas, ce sont les ennemis de votre bien qui vous excitent; vous suivez aveuglement leur impression , je tremble à l'idée effrayante des maux qu'ils vous préparent.....

Manaleck ne lui en laissa pas dire davantage ; c'étoit un Buckarien féroce, nourri dans le tumulte des factions ; il conduisoit à son gré la multitude, les seigneurs Persans lui avoient donné mille sequins pour conduire leur intrigue, & ce Buckarien travailloit pour lui.

Il s'écria avec menaces , qu'on ne devoit pas s'en rapporter à ce que disoit un envoyé du Cha-divan , que les Kans étoient des traîtres & machinoient contre la ville un complot qui alloit éclater , que sous prétexte de relever la gloire des persans, ils cherchoient à mieux les opprimer ; nous voulons un seul chef, ajouta-t-il, la Perse entiere suffit à peine à l'entretien d'un seul, que faudra-t-il à treize tyrans avides; je dois la vérité au peuple, & vos promesses insidieuses ne me corrompront point; voici les vingt-deux bourses que le Divan m'a données, pour taire le dessein dont je suis informé, vous & vos collégues affectez la tyrannie; j'en atteste Ali & les Immaums, les prophétes indignés demandent une vengeance éclatante. Manaleck tire aussitôt son cimetère, le peuple à ce signal, se précipite pour nous immoler; les esclaves qui nous portoient s'enfuyent, nous tombons au milieu de ces hommes irrités.

Ilgourn & Hussein sont égorgés à mes yeux; je ne sais par quel bonheur, j'échappai à un si grand péril. Des marchands du Kerman m'enveloppèrent de leur robes, & me dérobèrent, percé de coups, à la fureur de Manaleck.

La sédition devient plus violente que jamais ; on se répand dans la salle du palais, on massacre ceux qui s'y trouvent ; huit Kans sont étendus sur les marbres, le reste est poursuivi dans les mosquées. Tout tombe sous le fer de ces barbares ; les cavaliers Kurtches accourent, non pour arrêter le désordre, mais pour y prendre part : le quartier des riches est livré au pillage, Manaleck désigne les principales maisons qu'il sacrifie à sa sûreté. Il force lui-même les sérails, & par ses ordres, les divines odalisques sont jetées dans le Zendcrouth ; l'incendie se joint à ces horreurs ; la faction avide de pillage, frémit de se voir arrêtée par le feu qui gagne les Bazards ; une troupe de soldats se porte de ce côté, Manaleck est à leur tête, il est ici, il est plus loin, il se multiplie à l'infini ; le feu qui se ralentit par ses soins, devient le

témoignage nouveau de son zèle invincible.

Cependant tout tombe dans l'anarchie ;
deux lunes se passerent dans les plus
affreux désordres ; chacun se décoroit
de la robe verte de nos sultans ; le
trône se vit occupé en un seul jour
par dix-huit rois ; l'armée n'avoit plus
de chef, & les soldats s'arrachoient
le commandement ; la jalousie , la
haine, les intérêts privés remplirent de
meurtres, les provinces.

Bientôt les Géorgiens , enhardis par
ces cruelles divisions , refuserent les
tribus ; les montagnards se répandirent
dans l'Ajémi , ravageant les campagnes
& traînant en esclavage les cultivateurs malheureux ; les Turcs se disposoient à venger sur les enfans d'Ali ,

la querelle de Mahomet ; les Mogols infestoient les provinces orientales.

A la vue de ces gouffres entr'ouverts de toutes parts, la fiere Ispahan tomba dans la détresse ; les villes frappées par la terreur, ressembloient à de vastes solitudes, & leurs habitans muets & tremblans, ne formoient aucun avis.

L'ambitieux Manaleck crut alors qu'il étoit tems d'agir, jusqu'à ce moment il s'était tenu caché. Le peuple qui l'avoit cru mort, le regrettoit, sur-tout, dans ces jours de douleurs.

Tout-à-coup, Manaleck paroît ; il se rend à la mosquée, où le peuple prosterné, s'efforçoit, par ses gémis- semens, de repousser la colere du ciel ; — ce n'est point par les pleurs, dit-il, ce n'est point par des prieres qu'on éloigne les ennemis , espérez dans votre courage , & placez votre appui sur vos sabres , réunissez vos bras , & soyez invincibles ; il ne vous manque qu'un chef qui sache guider votre valeur intrépide ; sur les débris du Cha-divan, rétablissez enfin un roi qui soutienne votre gloire , & batte l'espérance des ennemis. — Vous seul , dirent les Mollahs, vous seul pouvez nous conserver des droits que vous avez défendus ; ne rejettez pas le turban que le peuple vous offre ; rendez-vous à ses vœux ; sa volonté est celle de nos prophétes , & le grand Ali vous ordonne de l'accepter.

A ces mots, les voûtes de la mosquée retentissent d'acclamations , chacun se ranime , on pousse des cris de victoire , déjà les ennemis sont abattus : on éleve le Buckarien sur des piques entrelacées ;

malgré sa feinte résistance, il est porté dans les rues d'Ispahan. Tout se range autour de lui, chacun veut partager sa fortune ; ces cris retentissent de toutes parts, c'est Mahomet-Medhi, ce douzieme Immaum qui revient sur la terre.....

Tandis qu'on célebre à l'envi l'arrivée d'un descendant d'Hossein, Manaleck, sans perdre de temps, envoie de tous côtés ses ordres absolus ; Il enjoint aux troupes du Khorasan & du Sigistan de se rendre près de lui : ces provinces situées du côté de Balk, étoient à l'abri des incursions ; car les tartares de Balk étoient eux-mêmes pressés par les Kerkes. Il dépêche dans le Meckran, l'un de ses partisans fideles, pour couvrir la frontiere, & arrêter les Mogols : lui-même à la tête des cavaliers Kurtches, il surprend les montagnards dispersés par le pillage , & les enleve avec leurs butins.

Bientôt son armée s'accrut par ce succès ; il la mena pleine d'ardeur contre les Turcs, qu'il trouva forçant les gorges de l'Ajémi. Les deux armées sans prendre de repos, fondirent l'une sur l'autre ; dès le premier choc , les Persans plierent , & furent renversés ; après avoir laissé grand nombre de morts , ils se retirerent précipitamment sous les murs de Khenjevar.

Manaleck, assiégé par la crainte, n'osa de long-temps tenter la fortune ; pendant que les Turcs désolent la campagne, le Buckarien combat d'une autre maniere ; il fait jouer les ressorts de l'adresse, sa ressource ordinaire ; il répand parmi les Camaulins des sommes considérables, & corrompt le vaillant Musuley.

Ce Sangiac, rival éternel du Bey Turc, dont il craignoit d'augmenter la puissance, passa dans le parti ennemi, avec le corps formidable des cavaliers de Syrie ; dès ce moment les Persans fixerent parmi eux la fortune. Musuley, plus guerrier que Manaleck, fut aussi plus heureux ; ce fut à l'ardeur de sa vengeance que l'on dut la victoire; malgré leur fiere contenance, les Turcs furent trois fois enfoncés : ils revinrent souvent à la charge, mais sans plus d'avantage : un dernier combat où Musuley ruina le corps noble des tima-riots, leur ôta tout espoir, les Turcs se retirerent vers le Tigre, plus indignés de la perfidie de Musuley, que décon-certés de leur défaite. On ne les revit plus ; deux jours après, on apprit qu'ils avoient reçu ordre de quitter la Perse, & de se rendre en Egypte, pour réprimer l'entreprise des Mameloucks.

Ainsi, la Perse fut délivrée de son plus cruel ennemi, & presqu'en même-temps de tous les autres. Manaleck rentra dans Ispahan avec toute la pompe du triomphe; l'armée marchoit parée de fleurs; Musuley revêtu de la calaatte, étoit à ses côtés, on brûloit sur son passage, le sandal & l'oliban; les rues étoient ornées de platanes, l'Al-meydan, décoré de guirlandes. Il se rendit au sérail, où le peuple l'investit de l'entiere autorité des sultans. Dés ce moment, il ne s'occupa plus que des moyens de la conserver. Il craignit qu'on tentât pour l'en dépouiller, les mêmes voies dont il s'étoit servi lui-même pour détruire tant de familles patriotes; il eut recours à la maxime des tyrans, & s'assura les gens de guerre:

des vexations subites provoquerent les murmures ; on se plaignit de Manaleck, on tenta de rompre des chaînes qu'on crut mal affermies ; ces efforts furent inutiles ; 3000 kachérifs, ou lettres de proscription, furent lancées en un seul jour : des chameaux, chargés de têtes traversoient à chaque heure les Bazards ; on jetoit à la riviere ceux qu'on trouvoit attroupés dans les places ; on dépouilloit impunément les plus riches habitans pour satisfaire l'avidité des soldats. Manaleck se délivra de Musuley dont il n'avoit plus besoin, & les cavaliers de Syrie furent massacrés, de peur qu'ils ne vengeassent la mort de leur chef. Les Georgiens expierent dans des brasiers ardens leur indiscrete rébellion. Les marchands réduits à l'indigence, quitterent cette terre désolée, & cher-cherent un asyle au Tibet, en Armenie, dans l'Inde. Les laboureurs accablés se

disperserent dans les montagnes, &
le soin de la culture fut abandonné.

Pour moi, je me disposai à fuir loin
des états du barbare ; j'étois resté jusqu'à
ce temps dans le fauxbourg du Julfa,
où je guéri de mes blessures ; j'avois
joui du repentir du peuple qui pleuroit
sa liberté, & cherchoit à la venger. Je
disparu dans l'ombre de la nuit, &
gagnai promptement les terres de la
Turquie ; en descendant le Tigre sur
des chaloupes, le reis ou patron m'apprit que les frontieres de la Perse venoient
d'être fermées, & qu'on ne pouvoit
plus en sortir : il ajouta que le Pacha
de sa province avoit reçu cinq cens
pieces d'or, pour renvoyer à Manaleck
les Persans qui seroient sur son territoire ; cette confidence hâta ma fuite ;
je montai un vaisseau qui recueillit

dans le golfe Persique ceux qui s'échappèrent de ces rives désolées.

Ô peuple, qui tourne au gré des flatteurs, dit Félix avec colere, évite donc les maux dont ils t'accablent toujours. C'est pour eux que tu sacrifie les défenseurs de tes droits, & tes amis les plus chers ; tu remplis toi-même leur ambition sans le prévoir jamais. Considere cette foule de tyrans qui pesent sur la terre ; ce sont tes ennemis que ta foiblesse a élevés. Quel usage ont-ils fait jusqu'ici de ton sceptre ; frémis & reprends ta puissance ; ne la confie qu'aux sages, & ta gloire sera éternelle. Mirza, les temps changeront aussi pour la Perse : déjà les Français préparent la ligue salutaire qui doit délivrer les peuples éloignés, & briser leurs chaînes oppressives. Les despotes qui les écrasent seront subjugués, & l'Orient & ses empires, sortant de leurs tombeaux, se saisiront de notre courage, & proclameront les loix dictées par la raison.

Vous ne ferez la guerre qu'aux mauvais rois, dit l'Africain, mais vous protégerez les princes qui ne veulent servir que la cause du peuple; aidez, ajouta-t-il, celui que l'infortune & l'espoir de délivrer un peuple opprimé, a porté sur cette terre protectrice. Il implore le secours des Français, qui ne repousseront pas des hommes que le malheur a rendu leurs alliés. Ô nation généreuse, ajoutez ce bienfait à tant d'autres; l'Afrique entiere retentira de votre gloire, & vous en serez les fétiches tutélaires.

Je me nomme Chamoë, dit-il, & je suis roi de Juida; mon pere comptoit dans son royaume vingt mille sujets, dont il vendit une partie à vos marchands d'Europe ; ayant été fait prisonnier par les Mandingues, il fut vendu lui-même. Je suivis sa disgrace ; les Portugais me conduisirent à Cacongo, & l'on fit travailler dans les champs de Loanda, le fils d'un roi d'Afrique.

Un jour que je formois des sillons pour la culture des poivriers, je fus subitement enlevé par des noirs montagnards ; ils me livrerent à un Cimbebas qui se mêloit aussi de faire le trafic ; celui-ci me vendit à des Hottentots, & ces Hottentots aux Hollandais du Cap. Là, plus maltraité qu'ailleurs, ces Bataves me consignerent sur le penchant d'une colline, dont le pied se perdoit dans la mer ; les ouragans terribles qui régnent d'ordinaire en ces contrées, & dont la violence impétueuse boulverse les cités & les ports,

me poussoient avec force jusques dans
les flots. Je ne pus travailler de huit
jours ; le planteur hollandois ne s'en
prenoit jamais à l'ouragan, mais il
m'accusoit d'une paresse obstinée, &
sous ce prétexte frivole, il me faisoit
fustiger tous les soirs ; ainsi, le jour
j'étois souffleté par les vents, & le soir
je recevois des coups de fouets. Le Barbare, traversant dans la nuit une allée
de figuiers, fut tué par l'un de ses
esclaves. Les fétiches vengèrent mon
innocence, sans me rendre plus heureux.
L'Allemand Schwastzerborgoesz acheta
les plantations ; nouvel original ! celui-
ci ne respiroit que pour boire & pour
manger ; dès l'aurore, nous parcourions
huit lieues à la ronde pour remplir le
ventre de Schwastzerborgoesz ; ce misérable, qui avoit été valet d'un paysan
de Franconie, n'en traitoit pas moins

avec une cruauté révoltante, des hommes qui valoient mieux que lui.

Après deux ans de peines & de souffrances, je trouvai le moyen de racheter la liberté que j'avois reçue gratuitement ; j'espérai , à l'aide de quelques florins dont j'étois encore pourvu , retourner dans mon pays, me montrer à mes sujets affligés, rentrer dans mon royaume , & le gouverner avec gloire ; pendant qu'assis sur le bord de la mer, & occupé de mon départ prochain, je contemplai de loin le vaisseau qui devoit me conduire , un matelot enleva mes florins; dans ma fureur, je voulus le jetter à la mer, mais j'écoutai la prudence. Je portai ma plainte à l'officier civil, & lui demandai justice. — Vous avez tort de vous plaindre, dit le juge en colere, les Européens ne volent point : je con-

nois ce matelot , c'est le troisieme
voyage qu'il fait ici , & personne ne
lui a jamais rien reproché : en disant
ces mots , le brusque officier ferma sa
porte.

Outré de l'injustice du magistrat , je
portai mes pas vers Tabl-Bay , pour me
précipiter du haut de cette montagne ,
& terminer mes jours insupportables.

Une bande de soldats qui couroient
à la taverne , m'arrêterent ; aussi malheureux que moi , ils prenoient un parti
moins violent , ils alloient noyer leurs
soucis dans le vin ; je fus forcé de les
accompagner ; ces soldats , dans leur
ivresse , s'étant pris de querelle avec
la femme de la maison , lui jeterent
les bouteilles à la tête : aux cris de
l'hôtesse , on accourut ; les soldats furent désarmés & jetés dans la prison

publique ; je fus encore forcé de les accompagner. Un capitaine Anglais vint réclamer la troupe turbulente qui fut conduite à son bord & condamnée à la cale : pour moi, on me livra pour dix pieces d'or à un homme de Bourbon, qui me conduisit au terrissage des tortues. Toutes les nuits j'étois occupé à renverser sur le dos ces énormes testacées qui venoient, à la clarté de la lune, déposer leurs œufs sur le sable.

La plupart des esclaves qui veilloient sur ces parages, étoient peu nés pour ces fonctions pénibles ; je distinguai parmi eux un roi de Magadoxo, six nobles Macuas, des généraux d'armée de Zimbaoë, & l'héritier présomptif du royaume d'Éthiophie : je regardai leur patience dans cette pénible condition comme un avis que me donnoient les fétiches ; je m'armai donc de cou-

rage , & me disposai à tous les événemens. Le terrissage des tortues fini ,
toute cette noblesse fut ramenée à Bourbon , & distribuée dans des habitations
voisines.

Le régisseur sous lequel on me plaça ,
fut le seul qui eut quelque pitié de
moi ; il me traitoit avec douceur , &
compatissoit à mon sort ; sa bonté le
porta même à racheter une seconde fois
ma liberté ; après trois ans d'esclavage ,
je m'embarquai sur un vaisseau qui
partoit pour la côte d'Or ; le desir de
reparoître à Juida , remplissoit seul ma
pensée. J'étois déja sur les mers d'occi-
dent , lorsqu'un souffle pestilentiel venu
d'Afrique , répandit subitement parmi
nous un mal contagieux ; cette peste
venoit d'une odeur horrible qui s'élançoit des cadavres de vingt baleines
échouées sur les côtes désertes. Il fallut

descendre à Sainte-Hélene , où nous restâmes cinq jours ; un air nouveau & bienfaisant nous rendit bientôt la santé.

La veille de mon départ, me promenant au loin, & parcourant des plantations anglaises, j'apperçus parmi des palmiers , un homme à demi-nud & couvert de sang; il poussoit des cris douloureux , & se traînoit avec effort vers un précipice ; je courus soulager cet infortuné ; mais quel fut mon effroi, quand à travers ses traits défigurés , je reconnus mon pere ; je tombai à ses pieds, je versai un torrent de larmes ; — en quel état je vous retrouve , m'écriai-je , ô mon pere ! sont-ce les Anglois qui vous ont ainsi déchiré , & se peut-il que l'un des plus grands rois de l'Afrique meure abandonné de la nature entiere. — Mon fils , répliqua le vieillard , d'une voix entrecoupée , j'ai cherché à me délivrer de mes remords ; le souvenir de mes cruautés passées me poursuit dans tous les lieux ; vous n'ignorez pas avec quelle barbarie j'ai traité mes sujets ; les fétiches sont justes , & je sens leur vengeance ; si jamais vous remontez sur le trône de Juida , soyez toujours plein de l'horreur que mon état vous inspire ; gouvernez vos peuples avec bonté , ne trafiquez jamais de leur sang ; souvenez - vous que les tyrans n'ont pas de repos sur la terre , & que leur mort est terrible. . . . Il expira après ce peu de mots.

J'étois étendu sur ce corps sans vie , j'essuyai ses plaies, je les arrosai de mes larmes ; — barbares Européens , m'écriai-je, c'est vous qui avez causé sa mort, c'est votre cupidité qui pervertit son cœur, c'est elle qui l'arma contre ce peuple. Je le couvris ensuite de feuilles de bananiers, & abîmé dans la douleur, j'allai rejoindre les gens de l'équipage.

Le lendemain le vaisseau mit à la voile. A cent lieües de Sainte-Hélene, je fus bien étonné de voir tourner vers l'Espagne ; le bâtiment changeoit de direction, & n'alloit plus à la côte; on ne peut s'imaginer la situation de mon ame ; — prenez patience, me dit le noir du capitaine ; nous allons enlever des vins à Madere, vous pourrez, à l'aide des brigantins Maures qui viennent dans cette île, vous transporter au continent, & gagner par terre les royaumes de Guinée ; cet avis soutint mon espérance. A peine descendu dans l'île, je vis sur le rivage un noir du Sénégal, qui venoit de Malaguette ; je lui demandai avec empressement des nouvelles de Juida; ce sont, dit-il, les Mandingues qui gouvernent ce pays, ils en sont les maîtres absolus, & la famille des anciens rois est entiérement détruite: les peuples de Juida gémissent sous les plus dures vexations; ils demandent tous les jours la mort, & les Mandingues qui la regardent comme un bienfait, ne l'accordent point: les commerçans seuls peuvent entrer dans ce pays, où tout étranger est vendu comme esclave; je quittai brusquement cet homme, & je précipitai mes pas dans l'intérieur de l'île, ne pouvant survivre à cette nouvelle funeste; toutes mes espérances étoient évanouies, & je voyois l'impossibilité de délivrer le peuple de Juida; je vomissois mille imprécations contre les fétiches qui se plaisoient à accroître mes peines.

En m'enfonçant dans des buissons, je fus accosté par un vieux Ethiopien; le désordre de mon visage excita son inquiétude; instruit de l'acharnement des dieux persécuteurs, il me parla ainsi : — Je suis le chef des prêtres d'Ethiopie; j'ai vu les rois d'Anzico, de Mosul, de Tombut prosternés à mes pieds; j'ai donné des lois à la moitié de l'Afrique, & aujourd'hui les singes & les chameaux sont moins à plaindre que moi; les guerres éternelles que l'avarice des marchands d'Europe allument sur ces terres désolées, ont renversé trois royaumes en un jour, & jeté dans les fers ses déplorables habitans; enveloppé dans cette vaste proscription, j'ai passé sous un maître tyrannique qui me couvre de blessures cruelles; au-dessus des foiblesses de l'homme, je me ris de ses fureurs, & je jouis dans ma misere d'un calme inaltérable : roi de Juida, vos maux ne seront jamais comparables aux miens ; surmontez l'adverse fortune, il n'appartient qu'aux foibles de se laisser abattre ; j'entends les cris du peuple de Juida qui vous accuse de lâcheté ; ce reproche est indigne, songez à les venger ; il est encore un moyen de les secourir ; franchissez les mers d'Afrique & volez en Europe ; on y trouve des princes puissans qu'on peut solliciter, leur nom seul suffira pour dompter les Mandingues ; comptez sur leur appui, ils vous délivreront. Le prêtre me laissa ensuite dans mes réflexions.

Je regardai cet avis comme envoyé par les fétiches, je résolus de le suivre, & de tenter encore les hasards ; je restai quelques jours à Madere, disposant mes plans nouveaux : un vaisseau hollandais qui alloit à Cadix, porta mes vues de ce côté , & je m'embarquai pour l'Espagne.

A peine le navire étoit-il en pleine mer, que les airs se bouleversent ; le ciel se dérobe dans une nuit effroyable ; les éclairs s'étendent d'un bout du monde à l'autre, les vents déchaînés nous poussent dans les abîmes. Le pilote fut emporté par une lame ; les voiles, les mâts, les cordages, le gouvernail, furent détruits par la tempête ; un coup de vent furieux jeta enfin le bâtiment brisé sur les côtes de Barbarie.

Les corsaires de Salé nous attendoient déjà sur le rivage, ils nous recueillirent les uns après les autres ; officiers, matelots, passagers, tout fut enchaîné. Ce fut une assez bonne prise pour ces Salétins ; dès le jour suivant, ils nous menèrent deux à deux à Mekinès. Les

Européens sont traités ici comme ils traitent ailleurs les habitans d'Afrique; on les dépouilla, & avec de longs fouets, on essaya leur légereté dans la grande place de Mekinès; les Maures qui étoient accourus au marché s'accommoderent volontiers de cette marchandise, & la transporterent chacun de leur côté; pour moi, je restai à Mekinès, au service du vieux Ibrahim : ce coup terrible m'ôta quelque temps l'usage de mes sens.

Mus-Ibrahim étoit l'oncle du féroce Ismaël qui regnoit à Maroc; c'étoit un dévot extatique qui outroit les pratiques de l'Alcoran; il passoit toute l'année en oraison, & l'on ne voyoit que lui à la Mosquée; depuis qu'il s'étoit retiré de la cour, il avoit été trois fois à la Mecque, & les Arabes de Médine l'avoient aggrégé dans la tribu sainte, dans la tribu de Mahomet. Il étoit toujours environné des ministres de l'Uléma qu'il vénéroit comme les prophetes ; son Ramazan étoit de six mois, ses ablutions continuelles ; il enchérissoit sur tous les préceptes de Mahomet. Ibrahim me revêtit de la charge de Bostangi, & me confia le soin de ses jardins.

Au milieu de brillans parterres tracés par les chrétiens, s'élevoient des tulipes élégantes ; Ibrahim encensoit ces fleurs & ne manquoit jamais d'en célébrer la fête comme elle s'observe à Constantinople ; tous les matins, avant de me rendre au travail, il me faisoit appeler : — venez à la priere, disoit-il, Mahomet est un grand prophete, allons à la priere, & j'allois à la priere ; il fallut bien déguiser ses opinions & paroître musulman. La priere finie, je courois

au jardin , & j'arrosois les tulipes.
Ibrahim se trouvoit presqu'aussitôt que
moi dans le parterre , & vantoit ses
fleurs admirables. — Ces tulipes sont
magnifiques , disoit-il , quelles sont
fraîches ! Mahomet prend soin de les
élever , allons lui rendre graces ; il
falloit encore aller à la priere.

Ce cruel homme, après m'avoir fatigué tout le jour, me tourmentoit de
nouveau la nuit ; je ne pouvois dormir
que d'un côté , le visage tourné vers
la Mecque ; j'étois excédé.

Un soir que j'attendois à la porte
du palais l'heure maudite de l'oraison,
je vis venir à moi un de ces beaux
jeunes gens que les princes tributaires
fournissent à sa hautesse, sous le nom
d'Azamoglan. Il s'étoit échappé des
mains des Algériens , & étoit ici depuis

quelques jours , cherchant à enlever
sa sœur qui devoit entrer dans le sérail
d'Ibrahim ; son dessein avoit réussi.
L'Azamoglan , après avoir tué le Juif
qui conduisoit Fatmé , avoit délivré
sa sœur , & s'étoit emparé des trésors
de l'Israëlite. — Vous êtes malheureux,
me dit le jeune homme , je le suis
autant que vous , joignons nos miseres
communes & fuyons loin de ce pays
d'horreur ; je sais qui vous êtes , &
vous vouliez aller à Juida ; le temps presse,
trompez votre tyran, secouez votre chaîne
& soyez libre ; demain à la même heure
je serai à la porte de Mekinès , nous
partirons ensemble.

Il me remit ensuite une bourse de
sequins ; j'allois répondre au chari-
table Azamoglan , lorsque deux noirs
d'Ibrahim tomberent sur moi à grands
coups de lanieres. — Vous vous faites

bien attendre, disoient-ils, infâme, voilà un heure que nous sommes à la priere.

Je courus à la priere, & Ibrahim me gratifia de vingt soufflets en l'honneur du grand Allah. Le jour suivant ma douleur fut au comble, mon air inquiet, mes membres agités donnerent des soupçons à Ibrahim, qui prolongea son oraison bien avant dans la nuit; enfin, je vins à bout de m'échapper : après avoir sauté les murs du jardin, je volai à la porte de Mekinès ; hélas! je ne vis personne ; l'Azamoglan avoit disparu.

Je suivis avec vîtesse le chemin qui s'ouvroit devant moi, & j'étois loin de la ville, lorsque aux premiers traits de la lumiere j'apperçus la jeune Musulmane, montée sur un dromadaire, accompagnée de l'Azamoglan & d'un Algérien ; ils s'éloignoient de la grande route, & s'enfonçoient dans la forêt : une troupe d'Arabes fondit presque aussitôt sur la foible caravane. L'Azamoglan se défendit avec un courage invincible ; je le joignis en ce moment & nous relançames ces brigands dans leurs retraites ; mais un de ces lâches en fuyant, porta un coup de lance à la Musulmane, qui tomba expirante dans mes bras. L'Azamoglan poussa des cris horribles, il s'arrachoit les cheveux : —ma sœur, s'écrioit-il, ma sœur Fatmé, quoi ! vous n'êtes plus. Les Arabes étoient suspendus au haut des rochers voisins, & nous accabloient de pierres ; pendant que j'étois occupé à consoler l'Azamoglan, un caillou lancé avec roideur, l'atteignit au front ; les assassins remplirent la forêt des hurlemens de la victoire, & descendirent pour m'envelopper ; l'Algérien disparut , & je pris la fuite de peur d'être accablé par le nombre. Ils ne nous poursuivirent pas ; ces brigands s'attachèrent à une cassette qu'ils avoient apperçue.

Je m'enfonçai à l'aventure dans ces déserts affreux, hâtant ma marche à travers les peuplades de Maures , & cherchant à me rapprocher de l'Europe. Des marchands qui se rendoient aux côtes d'Afrique , me permirent de les suivre ; je leur comptai douze sequins, m'engageant de plus à réveiller la marche lente de leurs chameaux, par des chants continuels ; à une lieue de Vélez, la troupe se sépara ; les uns prirent la route de Mélilla , de Trémecen, d'Oran ; les autres celles d'Alcaçar, de Tanger ; pour moi, j'allai à Vélez, où je demeurai quelques jours livré à mes réflexions , ne sachant à quoi me résoudre , sur quel vaisseau me rendre, à quel souverain m'adresser.

Un navire algérien qui transportoit à Lisbonne des peaux de Maroc , du safran de Tripoli , de la manne de Terga , détermina mon esprit incertain ; je partis pour la cour de Portugal. Le navire engagea le détroit & se trouva en peu de jours à l'embouchure du Tage; les marchands étalerent leurs effets sur le port, & moi , j'allai louer une maison dans la ville.

Tout étoit en mouvement à Lisbonne. On ne parloit que d'affoiblir la puissance du roi , de matter l'orgueil des grands, & de détruire la race des moines; l'entrée du royaume étoit interdite aux Français , & malgré les efforts du ministre , on vouloit être libre comme eux; le plus grand nombre exaltoit leur courage ; quelques-uns les traitoient de rebelles : je pris peu de part à toutes ces révolutions ; j'étois plus occupé de mon affaire qui prenoit déjà une tournure désagréable. Le ministre étoit plus inabordable que le roi ; je ne pus jamais l'approcher. La Camariste de la dona Olimpiza daigna s'intéresser en ma faveur ; elle parla de moi à sa maîtresse, dame fort considérée à la cour, & je fus introduit auprès d'elle. — Le Portugal dit la dona, a coutume de protéger les princes malheureux , mais vous venez dans des circonstances difficiles ; le roi est très-éloigné de pouvoir vous accorder un secours de troupes, il n'en a pas trop pour contenir le peuple ; attendez que cette épidémie qui désole l'Europe, soit passée, & alors vous pourrez compter sur sa générosité ; je vous offre ces cruzades qui pourront vous aider ; vos besoins ne me sont pas inconnus.

J'acceptai les croisades & saluai profondément la signora Olimpiza.

Je restai à Lisbonne, attendant des momens plus propices: j'étudiai, pour le bien de mon pays, les lois & les coutumes d'Europe; j'admirai les bâtimens de la ville & des environs; la nuit me surprit un jour dans mes études; j'étois au pied du beau monastere de Belem, à deux lieues de Lisbonne: l'odeur des orangers, des roses & des jasmins, me retint dans ce parterre délicieux; assis sous ces arbustes, & caché sous leurs fleurs, je m'endormis au milieu des parfums.

Il ne faisoit pas encore jour quand je fus subitement réveillé par un gentilhomme ou hidalgo; il me présenta la pointe de son épée: — croyez-vous à la liberté, dit-il avec ses sourcils

rabattus ? — si j'y crois ? très-certaine⸗
ment. — Soyez donc libre, ajouta-t-il,
en m'appliquant un bon soufflet ; &
après m'avoir meurtri de vingt coups
d'épée, il se retira. Je ne doutai pas
que cet homme ne fût du nombre de
ces nobles, qui dans les lieux écartés
frappent ceux qu'ils trouvent contra⸗
riant leur opinion ; je retournai à Lis⸗
bonne, & n'en sortis plus : je craignis
ensuite que mon sentiment qui avoit
irrité le gentilhomme, n'indisposât
aussi ma puissante protectrice, & ne
ruinât mes espérances. Il se pouvoit
que le gentilhomme connût l'Olimpiza
& me desservît auprès d'elle ; dès ce
moment, j'approuvai en public l'hu⸗
meur des grands, j'admirai la con⸗
duite des gens de cour, & je soutins
les droits du souverain contre les
prétentions des provinces ; bientôt
je me vis poursuivi, & sans une bande

de Torréadores qui se rendoient au cirque, j'étois précipité dans le Tage. Je cherchai alors à réparer mon indiscrete politique ; je me déchaînai contre la barbarie des souverains, contre la dangereuse influence des prêtres ; j'exaltai le pouvoir éternel du peuple, & je criai de toutes mes forces, vive à jamais la liberté ; aussitôt on me couvrit d'applaudissemens, & l'on décora mon front d'une couronne civique.

A peine étais-je rentré chez moi, qu'un Portugais de mes amis, secretaire du grand inquisiteur, vint frapper à ma porte ; — tremblez, me dit-il, vous êtes perdu si vous ne sortez promptement de la ville ; vous devez remplir un rôle dans l'auto-da-fé que l'inquisiteur prépare pour ramener le peuple ; le tailleur du grand couvent a reçu l'ordre de découper pour vous un san-bénito : vous avez parlé contre les prêtres , & l'on vous a remarqué ; profitez des ténébres de la nuit, l'Alcade ne sera ici que demain ; prenez des mules , & fuyez dans la province d'Avéiro , où se trouvent des vaisseaux toujours prêts ; passez en France ; ce n'est qu'en France qu'on est à l'abri de la sottise.

Je partis aussitôt plein de frayeur ; le moindre vent m'épouvantoit ; les huissiers de l'hermendad se présentoient à moi de toutes parts : je courus nuit & jour, & j'arrivai enfin à Coïmbre par les montagnes : bientôt après j'étois aux portes de la nueva-Bragança ou Avéiro ; je montai précipitamment le *Good Safety* , navire anglais , qui portoit aux Français de la Gironde , du morfil , des canéfices & des jambous de Lamégo.

Cette longue suite d'événemens déplorables, ajouta l'Africain, s'est terminée
parmi vous; j'ai trouvé dans ces lieux
la fin de tous mes maux. Ah! rendez
ma félicité entière en comblant le plus
cher de mes vœux; sauvez les tristes
restes d'un peuple dont le souvenir
m'occupe tout entier; détruisez leurs
maîtres féroces, donnez-leur vos lois,
votre sagesse: toujours environnés de
la reconnoissance des Africains, les
productions & les richesses de leur
pays seront versées à vos pieds; pour
vous seuls nos marchés seront ouverts,
& votre commerce dominera pleinement
sur notre territoire.

Tous les peuples sont nos freres, dit
Félix, s'ils sont dans l'oppression; ils
peuvent compter sur nos efforts, &
nous serons leurs libérateurs. N'espérez
des Français que des secours pour les
peuples.

Qu'une meilleure fortune vous favo-
rise enfin tous les trois, elle vous est
due ; déjà brillent les jours heureux qui
vont éclairer vos contrées ; jouissez de
la liberté, de cettte liberté dont votre
courage vous à rendu dignes : ceux-là
doivent y prétendre, qui, comme vous,
l'ont conquise, sans s'effrayer des dangers
dont elle s'environne.

LYCAS.

IDYLLE 1.

LYCAS.

Lycas se promenoit le long de ces pâles peupliers qui bordent le cours de la riviere ; la tête penchée, les yeux humides, il jetoit par intervalle ses regards affligés vers les murs de la ville, & du fond de sa poitrine oppressée, sortoient de longs soupirs capables d'attendrir tous les cœurs. Ni les danses des jeunes filles, ni le chant des bergers, rien ne pouvoit le distraire de ses peines.

Hélas ! disoit-il, je l'adore ; mais, ô malheureux Lycas, tes efforts & tes soupirs sont vains. Elle traîne à sa suite, un grand nombre de prétendans, & son choix doit se fixer parmi eux..... mais la cruelle te dédaigne.

Objet de ses discours passionnés, la jeunesse s'entretient d'Aglaë ; toute la jeunesse combat de parure & de zèle pour lui plaire. Quand elle danse, chacun admire son pied léger, sa taille élégante, les graces répandues sur tous ses mouvemens ; quand elle chante, tout célebre à l'envi les accords de sa voix mélodieuse.

Et toi, pauvre Lycas, où es-tu, que fais-tu ?

A quelques pas d'Aglaë, tu la contemples en silence.

Lycas est sincère; il n'aime ces flatteurs qui ne vantent, ni la douceur, ni la sensibilité d'Aglaë, mais ses cheveux noirs & flottans, & son vêtement brodé.

Lycas répete sans cesse que la flatterie est l'écueil de la vertu. Mais, ô Lycas! Aglaë rafole de ces éloges, & ta philosophie fatigue; les préjugés & de frivoles coutumes ont façonné Aglaë; belle & légere, peut-elle aimer Lycas & sa morale!

Mais Lycas est plein d'amour pour Aglaë, il ne peut vivre sans elle; ne pourra-t-il en être aimé.

Que faut-il, ô Aglaë, pour que Lycas obtienne un retour?

Si les prétendans vous ont plu par leurs danses ; eh ! bien, je cours vers un trophée civique, je cours parmi la jeunesse, & dansant à l'entour du trophée, la terre frémira sous nos pas.

Faut-il que Lycas chante, eh ! bien, la place retentira de chants civiques ; il va entonner l'hymne qui remplit de courage les guerriers, & répand l'audace parmi les bataillons, dont les victoires sont utiles aux amans.

Il n'est rien que Lycas n'entreprenne pour les beaux yeux d'Aglaë.

Si la nuit, Lycas veille ; il veille pour Aglaë ; il trace des couplets qui célèbrent & l'amour & la gloire ; & ces couplets sont pour Aglaë. . . . Dieux ! Aglaë les dédaigne.

Si elle se montre au lycée, un de ses regards encourage les orateurs; chacun ambitionne son suffrage, & Lycas est désolé, car Aglaë applaudit aux orateurs, & Lycas est à peine orateur.

Mais quoique légere, Aglaë est vertueuse; Aglaë doit préférer un cœur honnête : aucun soupçon ne pese sur Lycas; libre de tout reproche, Lycas a donc quelque mérite. Ah! ne puis-je obtenir un entretien. . . . En m'approchant de toi, je n'en deviendrai que plus sage encore; mais, ô douleur mortelle! Aglaë s'éloigne lorsque Lycas paroît devant elle.

Je me meurs. . . . Hélas! tant de constance inutile, tant de soupirs vains, tant d'efforts superflus!

Aglaë sera-t-elle toujours inflexible !
ô destinée cruelle ! ô malheureux
Lycas !

Ainsi, tous les jours, Lycas exhaloit
ses plaintes amoureuses ; ses gémisse-
mens eussent touché les rocs les plus
durs, & Aglaë si douce & si sensible
étoit la cause de tant de maux.

Tout-à-coup, un grand bruit se fait
entendre au loin ; Lycas quitte le rang
des peupliers & rentre dans la ville ;
on promulguoit une loi ; les citoyens
accouroient en foule. Lycas écoute, &
le magistrat fit entendre ces paroles
solemnelles.

« Les femmes vertueuses sont la plus
» digne récompense à décerner à la
» jeunesse laborieuse ; ô vous, qui de-
» viendrez illustres dans les armes,

197

» dans les sciences, ou dans les arts,
» la fille la plus belle & la plus sage,
» est la couronne que la patrie vous
» destine. »

Lycas se retire, il descend dans un
souterrain, s'y renferme, travaille jour
& nuit, compose des ouvrages, fait des
livres, épuise tous les sujets pour tâcher
d'obtenir Aglaë; mais le malheureux
eut beau faire des livres, il s'en trouva
encore de plus savans que lui.

A la fin, dégoûté, il tourna le dos à
cette Aglaë, & renonça à l'amour &
aux lettres.

Il courut aux frontières, & servit
la patrie avec gloire; de littérateur
médiocre, il devint un héros; les ennemis tremblerent, & Lycas confondit
plus d'une fois leur espoir.

La patrie récompensa la valeur intrépide de son vengeur.

Pour prix de tant de zèle & d'efforts généreux, Lycas obtint enfin cette même Aglaë.

LA THÉORIE.

IDYLLE XI.

LA THÉORIE.

L'AURORE commençoit à verser la lumiere sur les campagnes, les colines se coloroient de pourpre, & le feuillage des chênes étoit chargé de gouttes de diamans qui réfléchissoient l'or du soleil. Les petits oiseaux quittoient leurs nids, & se perchant au plus haut des arbres, chantoient l'éveil de la nature de leurs voix tremblantes ; les agneaux abandonnoient les étables, & les échos répétoient, à l'envi, leurs tendres bêlemens.

Joséphine après avoir salué l'astre du matin, descendit dans la plaine ; elle couroit sur l'herbe molle avec la légereté du zéphir ; c'étoit une fleur qui traversoit la prairie, soutenue par les vents.

Le peuple du canton consacroit dans ce beau jour, des chants solemnels à la Reconnoissance. Les jeunes filles d'alentour venoient partager la joie de leurs amies, & se mêler aux plaisirs de la fête. Joséphine devoit marcher à la tête de ses compagnes, & conduire la théorie ; c'étoit un droit que le canton accordoit à la plus vertueuse.

Une corbeille à la main, elle se rendoit au bocage qui étoit à l'autre bout du champ, & de ses doigts de lys, elle venoit cueillir les fleurs qui devoient composer sa guirlande & sa couronne.

Les roses, les œillets, les anémones, sembloient se presser de remplir sa corbeille : c'étoient les plus belles fleurs, mais Joséphine avec ses beaux yeux bleus, ses joues incarnates & cette candeur qui baissoit ses paupieres, étoit plus belle que toutes les roses de la corbeille.

Joséphine rentra ensuite dans la maison ; elle courut embrasser son pere, & s'occupa des apprêts de la fête. Toute la famille l'environnoit ; sa mere se plaisoit à parer ses cheveux blonds d'un ruban disposé avec graces, ses sœurs tressoient la couronne, & ses amies composoient la guirlande. Joséphine ravie, regardoit comme la fête la plus belle, ce tendre empressement de la famille. Tant de zèle étoit un hommage rendu à sa douceur, à sa modestie ; c'étoit en retour à l'affection qu'elle portoit à ses parens; & lorsque Joséphine trouvoit du plaisir à quelque chose, c'étoit aussi une fête pour toute la maison.

La fleur des champs lui paroissoit une parure plus gracieuse qu'une robe d'or & des festons de perles : elle étoit plus ornée de sa vertu, que d'un bandeau d'émeraudes resplendissantes. Dans les entretiens qu'elle avoit avec ses compagnes, méprisons, disoit-elle, ces ajustemens ridicules des femmes de la cité ; la pratique des vertus simples, l'exercice des sentimens qui conservent l'union, voilà nos ornemens.

D'autres fois elle leur disoit : resserrons de plus en plus les nœuds qui nous unissent avec nos parens, avec la patrie ; le bonheur est dans l'amitié ;

les jouissances les plus vraies ne sont
pas dans les plaisirs bruyans, mais dans
nous, autour de nous, par-tout où l'on
aime.

Joséphine se rendit à la fête & la
théorie se mit en marche. Après avoir
passé les portes, on traverse une coline assez élevée & couverte de lauriers;
bientôt une petite riviere se présente,
sur laquelle on a jeté un pont orné
de myrthe & de branches de chêne.
Aux environs, & sur la coline même
s'elevent quelques monumens sacrés,
un autel, une statue de bronze à la
RECONNOISSANCE, des colonnes placées
dans des bosquets.

Joséphine marchoit à la tête de la
théorie, entourrée de tous les regards.
Les jeunes filles tenoient comme elle

des couronnes à la main, & les guirlandes qu'elles soutenoient composoient
une barriere à l'entour. Des jeunes gens
en casque d'airain, armés de javelots
d'ébene portoient de grands boucliers
sur lesquels étoit tracé le nom de
Joséphine, dont la vertu étoit proposée
à ces héros. Les magistrats du canton
étoient environnés de la foule immense
des citoyens qui étoient divisés par
grouppes ; des héraults sacrés parcou-
roient de tems en tems ces grouppes,
& en faisoient sortir les profanes qui se
faisoient remarquer par leur rire insul-
tant ou leurs propos indiscrets.

Quand on fut arrivé au haut de la
coline, les jeunes filles se placerent
autour de la statue de la RECONNOISSANCE ;
les guerriers demeurerent au pied du
monticule, & y exécuterent des mouvemens belliqueux. Ils composerent en-

suite de leurs casques , de leurs boucliers
& de leurs javelots , un trophée qu'ils
couvrirent de myrthe & d'immortelle.

Pendant ce temps , les magistrats se
distribuerent parmi le peuple & firent
l'éloge de la reconnoissance comme du
plus ferme appui de la félicité publique.

Joséphine en même tems entoura
l'autel de sa guirlande ; ses compagnes
l'imiterent & elles se livrerent bientôt
à des danses auxquelles prirent part tous
les guerriers.

Bientôt la plaine & la coline présenterent un tableau vif & animé , où tout
le peuple s'abandonnoit à la joie la
plus grande.

Quand la fête de la Reconnoissance
fut terminée , les magistrats inviterent

les jeunes filles à déposer les couronnes qu'elles tenoient à la main, sur la tête de la statue; elles le firent avec empressement; pour Joséphine, elle courut vers son pere, & ce fut sur sa tête qu'elle déposa sa couronne.

AMYNTAS.

IDYLLE III.

14

AMYNTAS

OU

L'ANNÉE

RÉPUBLICAINE.

Des citoyens affluoient tous les jours aux portiques du Gymnase, où chacun avoit coutume de disserter. Amyntas qui cultivoit un champ sous les murs de la ville, se rendoit d'ordinaire aux

portiques, & se mêloit dans la foule;
Cet Amyntas traitoit toujours les choses
d'une maniere utile à la patrie : autrefois il fut riche, vêtu d'un grand nom,
illustre de savoir. Quand l'égalité parut,
il fit don de ses biens, devint cultiva-
teur, & prit nom d'Amyntas.

L'instruction du portique s'ouvrit un
soir sur l'annuaire des nations ; on
s'entretint de l'année des Tyriens, des
mois de la Chaldée, de l'ère des Séleu-
cides, de la réforme de César.

Je parlerai, dit Amyntas, des mois
républicains.

Citoyens, ajouta-t-il, en rejettant
l'année romaine, insignifiante pour vous,
puisqu'il vous importoit peu de savoir
si janvier avoit tiré son nom de Janus,

roi d'Italie ; vous avez porté la réforme dans ces mois stériles, & vous les avez touché de l'esprit républicain. Vous fîtes disparoître le nom de tous ces mois que l'adulation avoit attribué aux premiers empereurs de Rome, chefs de ces tyrans qui dévorerent les restes de la république. Le signe de la balance commença la série de vos mois solaires ; la liberté s'y fixa par la destruction totale du sceptre, & vous dénommâtes les mois républicains par les souvenirs de l'agriculture qui fait la force de votre gouvernement.

Lorsque l'autorité du peuple fut solemnellement défendue dans les champs où le despotisme l'attaqua si long-tems, les campagnes étoient alors couvertes de vignes ou *vendemiae* ; les vendangeurs repoussant d'une main l'ennemi, s'apprêtoient de l'autre à recueillir

l'espérance du mois; vos contrées reten-
tissoient tout à la fois , & des cris de la
guerre, & du bruit des vendanges ; alors
naquit Vendémiaire.

Les raisins & tous les fruits de la
saison derniere étoient déja resserrés.
La terre nue & dépouillée alloit bientôt
éprouver les rigueurs de l'aquilon ; les
froids arriverent du nord , mais pré-
cédés par Brumaire , qui marchoit es-
corté de noirs brouillards.

Tout annonçoit la suspension de
l'existence ; bientôt le sinistre Frimaire
se montra ; les arbres, à sa vue, s'en-
croûterent de glaces, les eaux se durci-
rent , les hommes s'environnerent de
feu , pour éloigner la mort.

Dans Nivose, la nature fut presque
anéantie , les arbrisseaux & tout ce qui

végete , s'endormirent jusqu'au jour du vivifiant Germinal. Un large tapis blanc fut déroulé sur la surface de la terre ; alors, sous le nivos, ou la neige, une chaleur salutaire pénétra sourdement les campagnes , engraissa la racine des plantes, & dans ce mystérieux sommeil, des forces actives se préparoient pour le retour de Germinal.

Quand le froid ralenti , ne fit plus retomber en flocons les vapeurs découpées de l'atmosphere , la pluie s'écoula avec force , & précipita dans le sein des campagnes les liqueurs chaudes de la neige. Pluviose & ses torrens fournirent des eaux abondantes pour aider à la naissance de Germinal.

Quand les pluies eurent assez trempé les campagnes, Ventose parut; il balayoit avec force le vuide de l'atmosphere , dispersant les vapeurs & les nuages ; il bouleversoit les mers, & excitoit des tempêtes, en salubrifiant l'air. Alors, les matelots se tinrent tranquilles dans le port, pendant tout le regne de Ventose ; les vaisseaux redouterent ses terribles ouragans, & si la fougue des derniers chocs de Ventose avoit jeté partout la terreur, l'espérance & ses plaisirs reparurent à l'approche du mois qui lui succéda.

Tout renaquit, tout germa dans Germinal ; la terre se colora de verdure ; les arbres se parerent de feuillages, les ruisseaux ne furent plus arrêtés, ils étoient ornés sur leurs bords de la pointe des fleurs. Les oliviers & les myrthes attiroient sur leurs branches, les oiseaux qui célebroient à l'envi leurs concerts. Germinal annonçoit la vie &

les plaisirs, il marchoit accompagné de
Floréal & de Prairial.

Dans Floréal, les fleurs les plus suaves
& les plus éclatantes embellissoient les
parterres : les violettes, l'œillet & la rose
s'unissoient entr'eux ; les anemones &
les renoncules se penchoient vers ce
gradin coloré, & le lilas les couvroit
de son ombre commune ; les jacinthes,
les muguets & le reste des fleurs se présentoient pour qu'on en composât des
guirlandes & qu'on en couronnât les
héros.

Prairial étala ses tapis ; les troupeaux
bondissoient sur les prairies riantes ;
tous les bestiaux répandus çà & là,
paissoient avec joie loin de l'ennui des
étables, & le jeune ami des campagnes
couroit après de jeunes chevaux qui en

s'ébattant dans la plaine, sentoient tout l'avantage du mois Prairial.

Messidor fut le tems des moissons; ce fut l'époque la plus intéressante de l'année ; on retira des campagnes le germe précieux de leur fécondité, & de ce produit, on assura la subsistance du citoyen qui étudie pour le bien des nations , & des guerriers qui s'immolent sur la frontiere, sans vouloir composer avec la tyrannie.

Dans Thermidor , les feux brûlans de la canicule furent appaisés dans l'eau des thermes , ou dans les bains ; on repoussa les ardeurs d'un ciel dévorant, en se plongeant dans les fontaines, & les ruisseaux subjuguerent les efforts du soleil. Tel fut Thermidor.

Fructidor ferma l'année en présentant ses offrandes. Les fruits tombèrent sous leurs propres poids ; on ramassa dans l'intérieur de ses domiciles, cette douce jouissance des âpres hivers ; ils charmèrent les banquets fraternels, lorsque le froid Borée a tout desséché, & que la nature entière, ensevelie dans la torpeur, a coupé le sentiment aux végétaux.

L'année républicaine eut donc un rapport suivi avec le système de la république ; elle fut conçue d'après les objets qui doivent assurer la force de l'état, c'est-à-dire, l'agriculture & tout ce qui tient au labourage. L'année fut terminée par les complémentaires consacrés aux grandes Sans-culotides. On y célébra la Vertu qui forme les héros, le

Génie de la liberté qui stimule la bravoure , l'Opinion qui rassemble les
esprit , & éloigne les controverses, le
Travail qui donne le bonheur ; enfin ,
l'on célébra le jour des Récompenses ,
& l'on y distribua des palmes à ceux
qui avoient bien mérité , au guerrier
qui avoit terrassé des adversaires , au
marin qui rompit sur l'océan le criminel espoir des tyrans , à la femme
fidele , aux enfans vertueux , aux veil-
lards illustres par leur sagesse & leur
prudence.

Telles furent les causes qui dénom-
merent les nouveaux mois de la liberté.
Tant qu'ils subsisteront, le gouvernement du peuple sera solemnellement
reconnu ; la République coulera avec
l'année révolutionnaire , & elle rap-

pellera à vos souvenirs, les objets les plus chers à des citoyens, la vertu, la liberté, le sentiment républicain, l'amour du travail & l'espoir des récompenses.

FERNANDO

ou

LE VOYAGE EN ESPAGNE.

FERNANDO

O U

LE VOYAGE EN ESPAGNE.

———

Trois ans avant la guerre de la République contre l'Espagne, un jeune homme du pays de Soule, * étant venu prendre les bains, à Saint-Jean-de-Luz,

---

* Département des Basses-Pyrénées.

s'avança un matin sur les frontieres d'Espagne du côté qui regarde Jron en Biscaya. Il se nommoit Alexandre Grand-Georget; il étoit fils d'un marchand d'oreilles de porc, qui avoit fait une grande fortune, en vendant de telles oreilles aux moines de Catalogne & aux Alcades de la Biscaye. Aubin Félix, ami fidele, l'accompagnoit, ils étoient de la même ville & avoient fait leurs études à Pau université celebre. Tous les deux s'étant assis près de la Bidassoa promenoient leurs regards sur l'autre rive. Ils contemploient une terre nouvelle parée de riches moissons, ses riantes vallées, des bouquets d'arbres bien touffus placés au pied des Pyrénées, des vaches d'une grande beauté paissant sous leur ombrage, des paysans légers dansant au bruit de leurs mandolines, une route spacieuse & magnifique qui se perdoit entre les montagnes,

enfin les clochers d'Iron & ses chemi-
nées de fayance : à ce tableau ravissant,
Grand-Georget emporté par la curiosité,
brûla de l'envie de voir l'Espagne ; —
Félix-Aubin, dit-il, parcourons une terre
intéressante, & pour le bien de la patrie,
mettons à profit les conoissances qu'on
acquiert au collége : allons observer de
nouvelles contrées ; c'en est assez du
pays de Soule. — Eh bien ! marchons,
dit Félix-Aubin.

Ils se levent ; Grand-Georget étend
sa redingotte, & lui donne la forme
élégante d'un manteau de Tolosa. —
J'ai dit-il, dans ma poche quatre-
vingt piastres ou douros, c'est tout
autant qu'il en faut pour un voyage
de six semaines ; le régent Pejor nous
a appris le latin, nous saurons bientôt
l'Espagnol ; tu seras mon confident
sous le nom de Périco, & tu m'appel-

leras don Fernando de los cavalleros;
dieu fera le reste. — Ainsi qu'il est dit,
repliqua Félix-Aubin; ils passerent
la Bidassoa, & se trouverent bientôt
en Espagne.

Les commis de la douane royale
vinrent au-devant d'eux, & deman-
derent le sujet de leur voyage. — Rien
autre, dit Fernando, que de voir le
beau royaume d'Espagne. Cette réponse
parut suspecte, & l'on prit ces écoliers
pour des espions. Les commis les pous-
sérent dans une salle basse; —retournons
promptement, s'écria Félix-Aubin, retournons au pays de Soule. — Ecuyer
lui dit Fernando, n'avons nous pas prévu
ce malheur; ne sais-tu pas que ce n'est
qu'à travers les fatigues & les contra-
riétés qu'on se rend digne des succès:
si le grand don Quichotte, par un motif
moins touchant, s'est rendu si fameux

par son courage , sa fermeté & sa persévérance à surmonter des obstacles , que
ne peut-on attendre de deux Français
du pays de Soule que rien ne doit
abattre , que l'espoir soutient , & que
l'œil de la patrie observe , car c'est
pour elle que Fernando & son écuyer
travaillent ; oui , malgré la violence de
ces commis , nous verrons les Castilles ,
nous étudierons ses forces , ses ressources,
ses richesses & nos observations seront
utiles à la patrie : non , Périco , elle
ne dédaignera pas l'effort même de
ses plus jeunes enfans. — Je ne sais ,
repliqua Périco , quelles observations
don Fernando prétend faire ici , je pense
qu'il est des politiques en France qui ,
sans sortir de leurs cabinets , sont mieux
informés des moyens de l'Espagne ,
que Fernando & son écuyer ne le seront
jamais. Je concluds à ce que nous
retournions au pays de Soule pour y

observer sans danger. — Ami lui répondit Fernando, attendons au lendemain, & comptons sur la fortune, prend courage, la confiance couronne le succès.

Le lendemain un homme de couleur brûlée, & la tête armée d'un large bonnet de velours noir, entra; il avoit une si longue épée que le bout restoit bien loin hors la porte, & qu'une fois entré, il ne pouvoit plus sortir. — vous me suivrez chez l'Alcade dit-il en relevant son bonnet; — comment! chez l'Alcade, reprit Fernando, nous prend-t-on pour des coupables? & il lui mit adroitement une piastre dans la main: suivez moi chez l'Alcade, répliqua l'estaffier..... Mais l'Alcade répondit brusquement Fernando, ne veut point de mal à de pauvres marchands, & vous parlerez pour nous: il lui glissa dans la main une seconde piastre.

L'Alguasil embarassé par son épée, laissa sortir ces pauvres marchands.

Périco en croyoit à peine sa liberté; il conjuroit Fernando d'en profiter pour retourner à Saint-Jean. — Ami, lui répondit Fernando, je ne serai point assez lâche pour douter des bienfaits de la fortune, lorsqu'elle semble me dire que le courage & l'audace peuvent tout surmonter; je ne te retiens pas Périco, tu peux partir & abandonner ton ami. Pour moi, je continuerai ma route, & dans vingt jours je veux être à Madrid.

Perico le suivit, en jetant douloureusement ses regards sur le chemin de France qui mene à Saint-Jean-de-Luz.

Ils entrerent dans Jron & le traverserent rapidement, car l'Alcade y demeuroit. A trois lieues delà, ils se virent dans une ville nouvelle bâtie dans le goût Espagnol ; ses maisons étoient peintes élégamment, des balçons verts & dorés entouroient leurs croisées, des fontaines jaillissoient dans les rues où des femmes venoient prier sans cesse; on voyoit sous un portique de graves biscayens enveloppés de leurs manteaux noirs, se promenant en silence; plus loin étoient de larges degrés qui menoient à une église, d'où sortoient de vieilles femmes couvertes de mantes blanches, le cops bordé de scapulaires & le bras entouré de chapelets : — cette ville est jolie, dit Fernando; que de choses nouvelles ! vois la forme de ces tuiles qui tournent sur elles-mêmes comme les flots de la mer; vois ces maisons, cette couleur d'ocre qui teint ses murs, ces fenêtres grillées, ces hommes avec leurs rezilles, ces femmes avec leurs cheveux tressés, ces mulets attachés à la file, & qui portent du cacao à Bayonne:

allons sur la place , entrons dans l'église...
allons à l'auberge dit Périco , car j'ai
faim. Fernando l'y suivit. L'hôte les
fit attendre deux mortelles heures , &
leur servit du chocolat. — Eh ! quoi ,
dit Périco en jetant le chocolat par
les fenêtres , se moque-t-on de nous ? est-
ce ainsi qu'on dîne en Espagne ; ah !
pauvre hôte , comme on vous eut étrillé
au pays de Soule , si l'on se fut avisé
de compter du chocolat pour un dîner ;
retournez à la cuisine & satisfaites à
l'appetit pressant du chevalier don Fernando de los cavalleros & de son écuyer.

L'hôte n'eut pas le tems de répliquer
que la coutume en Espagne étoit de. . . .
retournez disoit toujours Périco , & ne
parlez plus de chocolat. Despavilo ,
c'étoit le nom de l'hôte , fit enfin servir
du saumon à l'huile , des moucles de
Saint-Sébastien , une anguille aux to-

mates, des tanches au bouillon & de la morue frite. — Quoi toujours du poisson, disoit Périco, n'y a-t-il ici ni bon mouton, ni veau tendre, ni poulets? — c'est aujourd'hui vendredi, répondit l'hôte, & la viande est interdite : je suis étonné que des chevaliers Espagnols ignorent la pratique de leur pays & la sévérité de sa police. Les ordonnances sont formelles, & si le vendredi nous donnions un seul bouillon gras, l'Alcade en seroit bientôt informé, & Despavilo, pour avoir transgressé la loi, seroit incarceré pendant huit semaines ; vous savez, chevaliers, quel seroit le désastre attaché à cette peine, le pillage de mon bien, la ruine de ma famille & la damnation éternelle. . . . . Il alloit continuer lorsque Périco demanda du vin.

Fernando mangeoit peu, observant continuellement : quelles sont les contributions de la province , demandoit-il à Despavilo ? — la Biscaye répondit celui-ci , paye ses contributions en nature ; elle envoye aux autres parties de l'Espagne son bled , son maïs & ses différentes productions ; elle reçoit en échange les productions des autres provinces ; l'argent qui circule ici ne provient que de nos mines de fer les meilleures de l'Europe méridionale ; la Biscaye jouit de grands priviléges & se gouverne par ses propres lois ; sa liberté est si indépendante de la puissance royale , que la visite des marchandises & les entrées dans le royaume n'ont lieu qu'à Vittoria la dernière ville de Biscaye. Fernando s'informoit de la qualité du terrain & des mœurs de ses habitans. — Le terroir de cette contrée , disoit Despavilo , est délicieux , toutes les années sont également abondantes ; les monts de la Castille reçoivent les vents chands de l'Andalousie , & nous les renvoyent ; tandis que les Pyrénées repoussent les froids rigoureux. Des ruisseaux continuels entretenus par les nuages que le voisinage de la mer forme & remplit , repandent la fertilité & la richesse dans ces précieuses vallées.

Fernando faisoit encore d'autres questions lorsque Périco se levant en sursaut s'écria que ses entrailles se déchiroient que le vin de Despavilo l'avoit empoisonné. — Chevalier lui dit l'hôte, je ne puis trop m'étonner de ce qu'étant Espagnol vous ignoriez ce que nos enfans savent avant d'aller à l'école. Eh ! quoi, la cause de votre colique est-elle inconnue : la contrée de la Manche fournit des vins qu'on transporte jusqu'ici ; on connoit peu l'usage des tonneaux & les muletiers se servent de peaux de bouc pour renfermer le vin; il contracte par là une crudité & une odeur qui plaisent aux Espagnols mais qui donnent toujours une colique & des nausées à ceux qui en boivent pour la premiere fois. — Sortons d'ici, disoit Périco, & continuons notre route. Fernando donna vingt réaux & ils prirent le chemin de Tolosa.

Je me suis pressé de quitter l'auberge disoit Fernando, malgré le plaisir que je trouvois dans l'entretien du bon Despavilo, votre indiscrétion a failli nous perdre, car les Français sont ici en horreur, & le fanatisme les poursuit. Il faut joindre la prudence à l'audace; c'est le moyen de n'être point surpris; moins de paroles, plus de reserve; que rien ne nous étonne, plions-nous adroitement aux habitudes, aux modes du pays, louons sa politique, censurons ses ennemis, exaltons sa religion.

Périco n'étoit occupé que de sa colique qui le travailloit fortement. — Nous ne faisons que d'entrer en Espagne, disoit-il, & déjà tant de miseres : voilà deux journées de peines & de souffrances : ô génie du pays de Soule & de l'université de Pau, les belles observations ! — prends patience, disoit Fernando, & qu'une douleur légere n'abatte point ton courage : quand nous serons de retour en France, tu seras étonné des lumieres que nous aurons acquises, car rien n'exerce plus les hommes que l'incertitude de l'avenir & les périls qui l'environnent ; la sagesse naît des peines de la vie, & la sagesse seule peut nous rendre dignes de la patrie ; — je ne doute pas, disoit Périco, qu'à force de souffrir & de voyager, nous n'obtenions cette sagesse, mais ne sauroit-on l'obtenir aussi bien à cheval qu'à pied; car irez-vous à Madrid sans monture, & ne sauroit-on avoir un petit mulet. — Quand nous serons arrivés à Tolosa, lui répondit Fernando, nous verrons ce qu'on pourra faire; mais la route est si belle, la perspective si intéressante, ces aldées suspendues sur la pointe des rochers, si pittoresques, que cette variété de tableaux peut occuper nos esprits jusqu'à Tolosa, & faire diversion à la fatigue : vois disoit Fernando avec enthousiasme, vois cette foule de paysans qui conduisent à Villa-Réal des porcs, des dindes & des paires de poulets, ce tronpeau d'ânes à long poil qui s'ébattent sur le chemin, ces laitieres & ces aguadores ou porteurs d'eau; regarde à travers ces feuillages l'Alcade de Mondragon qui distribue

quelques réaux à de pauvres laboureurs ;
regarde. . . . .

Ils arriverent après deux jours de
marche à Tolosa. Les voyageurs entrerent dans la grande auberge de cette
ville, qui est à droite quand on a passé
le pont. Il y avoit ce jour là une afluence
considérable de marchands qui arrivoient
de tous côtés à la grande foire. Périco
entra dans l'auberge ; les écuries & la
maison ne pouvoient contenir les étrangers. Périco se disputa pendant deux
heures avec l'aubergiste pour avoir au
moins une chaise. Fernando se promena
par la ville, cherchant à trouver dans
la *calle de santa-maria* quelque muletier
qui voulut le conduire à Vittoria. En
traversant les rues étroites de la ville,
il considéroit attentivement l'air aisé
répandu sur la personne des campagnards ;
un surtout rouge, une ceinture élégante,

un chapeau de velours, de grands caleçons & des brodequins à aiguillettes, sembloient unir le costume Espagnol au vêtement romain. Ce coup d'œil étoit magnifique à le considérer sur-tout du balcon de l'auberge qui dominoit sur l'un des côtés de la Plaça-major.

Pendant que Fernando prenoit part aux danses des jeunes gens & aux mouvemens amoureux de leurs fandango, Périco étoit descendu dans la rue & se mêloit dans les grouppes arrêtés à la porte. Un jeune homme affablé d'un manteau bleu, & monté sur une belle mule parée de plumes & de dorures, vint à l'auberge : Périco par principe d'éducation, s'empressa de lui donner la main pour descendre. Signor cavallero lui dit le jeune homme, *gratias à usted*, *je vous remercie* : il examina avec soin tous ceux qui étoient dans l'écurie &

les appartemens ; je ne vois rien , dit-il, on m'a pourtant assuré qu'ils devoient être à Tolosa , mais que m'importe, qu'on les y cherche, j'ai rempli ma commission , & de ce pas je retourne à Jron me remettre aux pieds de l'adorable Maria-de-Penafiel. Périco l'aida à remonter à cheval. — Seigneur chevalier , lui dit le jeune homme, que vous êtes heureux de ne pas brûler des feux de l'amour ; on m'a fait quitter l'objet de mes soupirs pour venir jusqu'ici , & les momens que je perds loin de ma dona sont des supplices ; & pourquoi m'enlever à des instans si précieux, pour courir après deux jeunes gens qu'on dit des Français ; l'Alcade d'Jron m'a ordonné de les poursuivre jusqu'à Tolosa & de les ramener ; ils sont, dit-il, de même taille , habillé à peu-près.... comme vous ; l'un a un manteau , l'autre n'en a pas : ils ont des piastres ; ah !

si vous les rencontrez, faites avertir la justice & qu'on les ramene à Jron: pour moi, je vais revoir Maria, l'incomparable Maria-de-Penafiel; adieu. En même tems, il tourna la bride, & repassa le pont.

Périco revenoit à peine de sa surprise quand Fernando fut de retour. Il lui raconta tout, & le pressa de sortir de cette ville. Pour Fernando il n'avoit pu conclure son marché; car le muletier offroit bien un mulet, mais il vouloit qu'on ne fit aller la bête qu'au petit pas, qu'on la fit boire à chaque ruisseau, qu'on la laissat s'arrêter quand elle voudroit, & qu'enfin à Vittoria, on lui donnat du melon avec du ris détrempé. — Quoi! disoit Périco, tout cela est-il si difficile, & ne vaut-il pas mieux obéir aux caprices de cette maudite bête,

que d'être fustigé par la sainte inquisition : sortons vîte de Tolosa.

Ce ne fut qu'avec beaucoup de peine
que le muletier accorda le mulet à
Fernando ; — vous me paroissez honnête
homme, dit enfin le marchand, & je
croirois vous manquer si j'élevois des
soupçons ; prenez le mulet, & à Vittoria,
vous l'attacherez dans l'écurie de Felipe
sur la plaça-nova, où j'irai le chercher.

Fernando après avoir compté trente-
cinq réaux au muletier, monta sur la
bête, & alla rejoindre Périco qui l'attendoit hors de la ville ; — écuyer, lui
dit Fernando, voici le mulet, nous
nous en servirons tour à tour, & loin
de l'œil du marchand, nous pourrons
éluder les conditions & faire marcher
l'impertinente bête. Quand Fernando

eût gravi la hauteur escarpée de cette montagne qui se trouve à la sortie de Tolosa, Périco voulut essayer du mulet & courir avec rapidité sur le penchant, mais le mulet ne vouloit plus marcher; il le tiroit par la bride, & lui donnoit de grands coups de poings sous les flancs, mais tous ses efforts étoient vains; — nous ne sommes pas loin de Tolosa, disoit Fernando avec humeur, ramenons le mulet au marchand, & qu'il nous rende nos réaux; nous ferons plus de chemin à pied. Ils étoient à se consulter, quand le mulet partit tout à coup & descendit la montagne comme un trait. —Voyez qu'elle fantaisie, disoit Périco, cet animal est encore pis que les hommes, seroit-ce toujours la même vie, & ce mulet s'entend-t-il avec tout le reste, pour nous désoler! maudit pays, maudit marchand, mulet maudit.

Le mulet étoit déjà bien loin ; il s'étoit écarté du chemin , & s'étoit jeté dans un taillis. Fernando suivoit tout pensif la croupe de la montagne , quand il vit deux paysans riant aux éclats ; l'un d'eux pouvoit à peine se soutenir , l'autre s'étoit couché par terre pour reprendre haleine. Fernando & Périco s'approchèrent de ces villageois , & s'informèrent de la cause de leur extrême gaité. — Chevaliers , dit l'un deux , la cause en est si plaisante que vous même ne pourriez vous empêcher d'en rire. Il s'agit d'un misérable mulet que...... ha ! ha ! ha !..... que nous avons trouvé au bas de la montagne , là , du côté de ces ormes. Que je voudrois connoître celui qui s'est chargé d'une telle bête ; oh ! il n'est pas au bout de ses peines ; elle lui jouera bien d'autres tours : il est vrai que si le cavalier finit par être

tué , il ira droit au ciel , se placer auprès
de san-Francisco à qui le mulet a servi ,
car saint François descend certain jour
de l'année à Tolosa , & se promene
vers le soir sur ce mulet qui devient
alors pacifique ; on se sert de ce mulet ,
qu'on paye fort cher , pour effacer
certains péchés , & l'on regarde comme
un homme infiniment recommandable , .
celui qui s'expose avec courage à toutes ses
folies sacrées. Nous avons vu de si plai-
santes choses l'année derniere à son
sujet , que c'est le souvenir de cette
comédie qui nous met, mon camarade
& moi , en si bonne humeur. — Mais
repliqua Fernando , ne pourroit-on pas
laisser ce mulet suivre ses caprices , au
risque de perdre ses réaux. — Prenez-y
bien garde , répondit le paysan en
prenant un air sérieux , si le cavalier
entroit à Vittoria sans le mulet , il
n'échapperoit pas aux recherches de

l'inquisition , & il seroit infailliblement
brûlé , car l'inquisition ne plaisante pas
avec les choses saintes.

Périco tiroit Fernando par le bras ;—
laissez parler ce sot, disoit-il, n'observez-vous pas qu'il déraisonne ; il
seroit en effet plaisant que deux hommes
qui ont fait leurs études à Pau, don-
nassent une attention sérieuse au débit
de telles fadaises. ils s'éloignerent de ces
paysans & rencontrerent le mulet couché
près d'un ruisseau : à quelque distance,
étoit un dominicain qui prenoit le frais.
Tandis que Fernando cherchoit à tirer
parti de l'animal , Périco s'étoit approché du dominicain. — Révérend pere,
lui dit-il, est-il vrai que ce mulet que
vous voyez à soixante pas de nous, est
le mulet de saint-François ; est-il vrai
que nous courons risque d'être chaude-
ment puni par l'inquisition , si l'on

n'obéit à toutes ses bisarreries , &
qu'enfin de bons citoyens , que de
pressantes affaires appellent à Madrid ,
ne doivent avancer leur voyage qu'autant qu'il plaira à cette maudite bête.
—Il est de notoriété, répondit le moine,
que ce mulet est très-rétif ; je ne sais
s'il a appartenu à saint-François , c'est
assez qu'une chose paroisse singuliere ,
pour que la grossierre imagination de
nos paysans lui prête des merveilles ;
allez jeune homme , s'il s'agit ici de
miracles , il n'est qu'un moyen de dissiper ces sottises , prenez un bon fouet ,
& faites marcher votre mulet. Périco
salua le dominicain , & rejoignit Fernando qui alloit à petit pas sur le mulet ;
il descendit dans un champ d'ozier, &
cueillit un fouet flexible. Les voyageurs
firent près d'un quart de lieue , mais
un ruisseau s'étant trouvé près du chemin , le mulet s'arrêta de nouveau.

Alors Périco lui détacha de bons coups d'ozier : le mulet irrité lui lâcha une si forte ruade, qu'il le jetta de l'autre côté du chemin, tandis qu'il culbutoit Fernando dans un fossé. Périco se releva avec beaucoup de peine, & vint droit au malheureux Fernando. — Il est de notoriété certaine, disoit Périco, que ce mulet a le diable dans le corps. Ah! Fernando, quelle matiere à vos observations. Ah! l'infernal mulet ! — Prends patience, disoit Fernando, j'apperçois à quelque distance de nous des chaumieres & un clocher ; c'est un village : je t'assure, mon cher Périco, que je veux y donner ce mulet pour dix réaux, marchons comme nous pourrons, & gagnons ce village. Ils arriverent suivis du mulet.

Un vieillard d'assez bonne mine étoit assis à sa porte, il se chauffoit au soleil. Périco l'aborda & lui demanda un logement. — Mes amis, leur dit le vieillard, soyez les bien venus, je ne suis à ma porte que pour donner l'hospitalité aux pauvres voyageurs qui ne dédaignent pas mes secours. Je vis de peu & suis sans enfans; le revenu de cette petite terre qui est près de cette chapelle est entièrement destiné au soulagement de ceux qui ont besoin; il me semble que tous ceux qui s'adressent ici, me sont envoyés du ciel, & je les reçois avec une joie vive : entrez mes amis, vous serez au moins satisfaits de mon zèle & de ma bonne volonté.

Périco, après lui avoir témoigné toute sa reconnoissance, commença par lui montrer le mulet qui étoit resté à la porte : — bon pere, lui dit-il, quoiqu'il soit défendu de mal faire à son prochain, je voudrois que le tonnerre de dieu eût cent fois écrasé cet infernal mulet ; il devoit nous conduire à Vittoria, mais est-il possible d'y arriver : à peine fait-il cent pas dans une heure, & s'il s'évertue, sa marche est si inconcevable qu'il nous culbute chaque fois, & qu'il a failli nous tuer. — Mes bons amis, dit le vieillard, je saurai vous délivrer de ce danger ; vous aurez un mulet dont vous aurez lieu d'être contens, mais vous pourrez vous rendre à Vittoria plus commodément par la *diligencia-réal* ; elle passera ici demain, & je me charge de vous procurer une place pour Vittoria sans qu'il vous en coûte une piécette.

Périco & Fernando attendris lui baiserent les mains. — Pour ce mulet, ajouta le vieillard, Domingo le reconduira à Tolosa : je connois le muletier qui vous l'a livré, je me suis interdit la censure, & je n'en dirai point de mal ; mais il croit rendre de grands services, en vous donnant de mauvaises bêtes qu'il fait payer fort cher. C'est un homme qui aime tout ce qui tient à la bisarrerie ; il a dans son écurie vingt-deux mulets dont l'humeur de celui-ci n'est que l'échantillon de celle des autres. Vous auriez pu trouver à Tolosa des muletiers plus francs & plus hon-nêtes. — Je ne sais point déguiser la vérité, dit Fernando, avec ceux qui me paroissent si portés à aider leurs freres. Je vous dirai avec franchise que nous sommes étrangers, connoissant peu la langue, & exposés à être la dupe de tromperies continuelles. — Quelle contrée vous a vu naître, demanda le vieillard. — Le pays de Soule, répondit Fernando, au-delà des Pyrénées, de cette barriere que la nature a jeté entre l'Espagne & l'heureuse France. —

Seroit-il possible ! — Nous sommes des Français, reprit vivement Fernando, ces hommes sur lesquels s'acharnent la prévention & l'ignorance. — Ô mes amis ! — Quoi, notre patrie seroit la vôtre ? — Que je bénis le moment où j'ai la consolation de presser dans mes bras des compatriotes ; la France est libre, dit le vieillard, que j'ai pris part à ses succès ! — Par quel hasard, disoit Fernando étonné, trouvons-nous un de nos freres au fond de la Biscaye : qui vous a enseveli au fond de cette solitude ? — La méchanceté des hommes, dit le vieillard, ils m'ont forcé d'abandonner ma patrie & de fuir sur cette terre étrangere où, depuis vingt ans, je ne vis que pour le bien de mes semblables ; écoutez mes enfans.

Je suis de la Bretagne, dit-il, & Brest est la ville où j'ai fait une plus longue résidence. J'avois trois freres ; l'un se plaça dans la marine, l'autre encore dans la marine, & je remis à d'autres tems pour entrer dans la marine. Une femme aimable, Jeannette, de Landernau, me captiva au point que je préférois de vivre dans la misere à Brest, plutôt que de courir après la fortune sur un élément célebre en malheurs. Cependant avec de l'activité & une conduite irréprochable, j'amassai quelqu'argent, & j'élevai une boutique de bois au bas de la Grand'rue, près la greve des chaloupes : là, je vendois aux matelots des souliers & des peignes. Le capitaine de l'invincible qui, dans un tems de verglas, étoit tombé sur le pavé, & qui s'étoit blessé devant mon échoppe, fut si ému des soins touchans que Jeannette & moi lui prodiguerent, qu'il me gratifia de mille écus pour m'aider dans mon établissement. Alors

je quittai ma boutique qu'il falloit em-
porter tous les soirs, & je pris un logement fixe & plus solide. Jeannette vendoit aux officiers de bord, des chemises
& des mouchoirs, elle en vendit à tout
l'équipage de l'Invincible; les affaires
alloient bien, & les soins assidus & l'œil
attentif de Jeannette me donnerent la
pleine liberté d'étudier la construction
des navires sur le port, & de prendre
des connoissances sur la marine, si fami-
lieres à des hommes qui sont nés au
fond d'une rade. Je m'assoyai sur cette
énorme butte, où le bagne est situé:
là, dominant sur la vaste étendue du
port, je raisonnois ainsi pour le bien
de la patrie. Nous avons quatre grands
ports en France, Brest & l'Orient,
Toulon & Rochefort: seuls ils reçoivent
des vaisseaux de ligne. Brest & l'Orient
peuvent fournir ensemble trente vaisseaux, Toulon vingt, Rochefort dix,

sans compter les frégates & corvettes. Ce nombre est bien suffisant pour repousser nos ennemis , & même pour détruire leur marine. Toulon & Rochefort peuvent donner des loix aux côtes de l'Espagne , de la Sardaigne & de l'Italie. Brest & l'Orient peuvent fournir quatre escadres formidables pour faire disparoître les Anglais. Je prenois alors une ardoise , & avec un stylet, je formois ainsi mes divisions.

1ere Escadre pour donner la chasse aux Anglais à Ouessant.

2e Escadre pour baigner les Anglais dans la Manche.

3e Escadre qui croiseroit dans toutes les mers , & seroit montée de galeriens qui enchaîneroient les ennemis pour les occuper à leur place.

4ᵉ Escadre pour promener le pavillon français, en long & en large, sur l'océan.

Toulon fournira deux escadres pour empêcher les Italiens de prendre du poisson dans la méditérannée. Rochefort tiendra deux divisions prêtes pour croiser jusqu'aux tropiques, & s'emparer des Açores comme un point excellent pour se mettre à l'abri des vents de l'équinoxe : elles se détacheront quelquefois pour veiller à ce que les Espagnols ne se lavent point les mains dans l'Océan.

Je communiquai un jour mes observations à Jeannette & à Cefanoly, jeune homme très-éclairé qui étudoit la boussole sur le tillac de la Junon ; ils applaudirent à la justesse de mon plan, & décidèrent que le gouvernement l'approuveroit sans peine ; c'étoit assez que

Jeannette m'eût donné des éloges pour croire que tout étoit bien ; je me rendis au bureau des armemens , & à haute voix je fis lecture des moyens les plus assurés , pour faire périr les ennemis les plus acharnés des marins de Brest. Un des employés s'étant approché de moi , me dit nettement que j'étois un sot , & qu'il m'invitoit à descendre les escaliers le plus promptement possible. Je lui répondis que pour me parler sur ce ton , il falloit qu'il fut lui-même un anglais ; à ce mot , il me donna un soufflet & me jeta rudement dehors; je m'élancai dans la salle , & je renversai les livres & les papiers du bureau , alors tous les employés se leverent & tomberent sur moi à grands coups de poings. On porta des plaintes , & pour prix de mon zele & de mes combinaisons politiques , je fus mis aux galeres. Le soir même de cette douleureuse scene , j'étois déja sur le port, les pieds arrêtés dans des anneaux de fer, & pleurant sur l'ingratitude & la dureté de mes compatriotes. Jeannette venoit assidue-ment me consoler, m'apportant le repas qu'elle avoit apprêté de ses mains. J'étois occupé sur le port à traîner des planches, à goudronner des cordages, à faire remonter de la rade au fond du port les vaisseaux qui avoient été démâtés; tantôt je recurois le bassin, tantôt avec un panier de pierre sur le dos, nous allions lester les bâtimens. Cette aven-ture funeste avoit tellement affecté la sensible Jeannette qu'elle étoit consumée de chagrins & d'inquiétudes. La premiere fois que je repris ma liberté, j'eus la douleur de la voir tomber dans mes bras, pousser des soupirs entrecoupés & peu après expirer? mon désespoir fut si grand, mon affliction si forte que je pris Brest en horreur & que je résolus de m'en éloigner à jamais ; j'allai porter ma douleur sur un autre hémisphere. Le navire sur lequel je me trouvai, fut frappé d'un coup de vent furieux, les vergues, les mâts, le bâtiment étoient brisés. Pendant dix-neuf jours nous fûmes tellement tourmentés, que c'est à l'être suprême que je dois le bienfait infini de respirer encore, & de voir mes compatriotes. Le vent nous poussa jusqu'à la pointe des Açores ; je vis alors combien en s'emparant de ces isles, elles nous auroient été utiles pour fournir à la réparation des navires brisés sur ces mers : en altercation avec les Portugais, nous évitâmes les Açores, & nous préférâmes d'échouer sur la côte de la Biscaye : nous arrivâmes heureusement à Bilbao, & je quittai pour jamais la marine. En m'enfonçant dans la province, je me livrai au commerce des vins de la Mancha: avec de l'économie & du courage, je trouvai le moyen d'arrondir ma fortune & de m'établir dans la Biscaye où l'on a plus d'espérance de trouver des Français : sans ambition , sans desirs inquiets, je consacrai mes sueurs & leur modique revenu , au bien de mes semblables : pour le mal que j'avois reçu de l'un d'eux , je cherchai à étendre mon zèle sur tous , & à secourir mon ennemi, s'il eut eu des besoins. Voilà ma terre qui comprend vingt arpens ; chaque arpent me rapporte 2000 réaux : vous en connoissez l'emploi ; ici est un jardin que je cultive avec Domingo , & qui fournit à l'entretien de ma table frugale : plus loin dans ce fond , vous appercevez un bosquet de cyprès réunis , impénétrable au soleil ; sous leur ombre paisible & sainte , mes mains ont élevé à la mémoire de mon épouse , un modeste cénotaphe où tous les matins elle reçoit les tendres salutations de l'amitié.

Après ce récit que les deux jeunes gens avoient écouté avec intérêt , le vieillard leur fit servir des concombres grillés , des oranges, des melons confits , quelques corbeilles de raisin sec & de prunes oblongues. Domingo répandit sur la table des fleurs & des feuilles de baume , du thym & du romarin. L'on s'entretint sur le bonheur des hommes jusqu'au lendemain matin.

Il étoit neuf heures quand la diligencia-real se détournant de sa route , vint prendre dans ce village les relais accoutumés ; le vieillard embrassant ses deux amis , les fit placer dans la voiture publique , entre les quatre personnes qui s'y trouvoient déjà , & leur donnant une bourse de piastres , il leur souhaita un voyage heureux. On s'éloigna en faisant des vœux pour la patrie.

Dieu soit béni, disoit Périco, voilà la premiere fois que nos affaires ont été au mieux ; le bon vieillard nous a débarrassé de ce maudit mulet, & après nous avoir comblé de bontés, il nous a procuré une place pour Vittoria & des piastres pour nous rendre à Madrid.

Déjà la voiture avoit franchi ces monticules dans lesquelles les Pyrénées semblent se perdre & expirer ; à l'aspect de ces plaines peu cultivées, à la monotonie répandue sur ces rochers calcaires qui bornent l'horison, on s'appercevoit aisément qu'on entroit dans la *Castilla-vieja*. Le chemin étoit souvent embarrassé de charriots grossiers, attelés de bœufs noirs qui traînoient pesamment des farines & des huiles pour le peuple isolé du voisinage : là, étoient des moulins qui dans leur rotations continues, puisoient l'eau d'un puits dans des pots placés en forme circulaire , & les rejetoient dans un canal : plus loin des chevaux maigres , des ânes , des brebis noires , & au milieu de tout cela des prêtres qui chantoient des cantiques sans doute pour le bien de la contrée ; à la vue du tableau effrayant de la nature expirante , Périco s'écria qu'il n'avoit jamais rien vu de pire ; bon dieu , disoit-il , peut-on chosir un tel pays pour des observations & n'auroit-on pas plus gagné à observer les moutons du pays de Soule , & le joli pied des filles de Pau.

La voiture tirée par six forts mulets chargés de sonetes & de grelots , entra en faisant un bruit effroyable dans les rues de Vittoria. Fernando examinoit attentivement comme à son ordinaire. —Voilà des rues bien étroites , disoit il , elles sont pavées d'un cailloutage qui doit blesser le pied des jeunes biscayennes ;

ces maisons sont bâties en granit, il faut qu'il y en ait des mines considérables dans les environs; je vois à l'entrée de ces boutiques des marchands qui paroissent n'avoir jamais rien vendu; j'acheterai à cette jolie femme aux grands yeux noirs, des boëtes de confitures de guindas & de melocotones : quelle est cette belle place que j'apperçois à travers ce portique?... La voiture s'arrêta précisément sur l'un des côtés de la plaça-nova, à gauche du jardin public où tous les dimanches les dames de Vittoria en manteau noir & souliers roses, font la promenade, où les écoliers du grand college prennent l'exercice du jeu de paume. Fernando & son écuyer descendirent, & des commis de la douane, au nom de la province de Castille, visitèrent leurs effets : — nous ne portons rien, leur dit Périco; qui puisse exciter votre surveillance, voici huit réaux. Les commis le remercièrent & boulverserent les paquets des autres voyageurs qui n'avoient rien voulu donner. Fernando & Périco sauterent lestement dans la salle de l'auberge ; elle étoit préparée pour recevoir la diligencia-réal qui est bien reçue par-tout où elle paye. La premiere chose que fit Fernando fut de se plaçer au balcon vert qui environne toute la place. L'hotesse lui faisoit remarquer la belle uniformité des bâtimens ; cette architecture est d'autant plus importante qu'elle est simple : — certains jours de l'année, disoit-elle, on convertit cette place en combat de taureaux, & chaque fois je fais payer cette seule fenêtre 40 réaux, à la foule des curieux : que n'y a-t-il des combats tous les jours!

L'hôtesse descendit ensuite, & ordonna qu'on servit à souper. Pendant que trois

servantes disposoient la table, Fernando
regardoit l'ameublement de la salle : —
tu vois Périco que ce royaume subsistera
longtems , car le luxe ne s'y est jamais
introduit , cependant c'est l'auberge la
plus magnifique de toute la Biscaye ;
à peine y a-t-il trois chaises pour six
personnes ; regarde ces vilains petits
miroirs d'Allemagne qui sont placés sur
ce mur dépouillé ; vois la sainte vierge
& ces pieuses images entre chaque
miroir. — N'observez-vous pas plutôt,
disoit Périco, qu'on n'a mis sur la table
qu'une cuisse de poulet pour 6 personnes ;
enfer ! tête de mort ! damnation ! s'écria
Périco d'une voix terrible , & en souf-
fletant la servante avec la cuisse de
poulet ; sera-t-on servi toujours de la
même maniere à l'entrée & à la sortie
de la Biscaye , avons-nous des gosiers
d'oiseaux , & nous prend-t-on pour des
serins de Canarie. La servante descendoit

les degrés en criant qu'elle alloit apporter une omelette. — comment une omelette, disoit Périco, en sautant les escaliers, une omelette ! eh ! que veut-on que six personnes fassent avec une omelette. L'hôtesse accourut, & promit qu'on donneroit un souper excellent.

Les voyageurs patienterent, & s'étant formés en grouppe, Fernando leur demanda s'ils alloient à Madrid. Le premier qui ouvrit la bouche, lui dit qu'il étoit un marchand des environs de Mondragon, & qu'il n'alloit pas plus loin que Vittoria, où il venoit acheter de la morue verte pour le carême prochain, que ses achats une fois faits, il retourneroit bien vîte à Mondragon, vendre sa morue verte. Le second rabattit en arriere les deux côtés de son manteau, & fit voir sa veste brodée. — Je suis, dit-il, secrétaire du gouvernement , & je retourne à la chancellerie de Valladolid ; j'ai voulu voir à Villa-Real un mien parent qui me fit don de de cette veste , quand je m'en separai. Elle est déjà sale , c'est le frottement de la voiture qui la déteriore ; demain je prendrai un cheval ou une mule , & je me rendrai , à petites journées , à Valladolid pour conserver ma veste. Le troisieme dit qu'il voyageoit pour son plaisir , & pour étudier la nature dans ses minéraux , qu'il avoit deux malles , l'une pleine de pierres & une autre vuide pour y placer tous les cailloux qu'il trouveroit dans les environs de Vittoria; je m'établis pour quinze jours dans cette maison , ajouta-t-il , & je ne vais point à Madrid. Le quatrieme qui étoit petit, de couleur brune, qui avoit un chapeau sans forme , & quelques brins de cheveux sous ce misérable chapeau , tira de sa poche un long papier , & dit qu'il passeroit par Madrid pour se rendre à Aranjuez, que là, il parleroit au roi ; que ce papier contenoit un projet admirable pour le salut de l'illustre & incomparable nation espagnole ; à ces mots, Fernando le regarda fixement. — Je m'apperçois, dit le petit homme, de votre curiosité, je vous communiquerai volontiers ce projet qui en effet est d'une importance extrême, & qui va conserver bien des hommes à la société. En même tems, il l'approcha mystérieusement du côté de la fenêtre, & lui dit : il sort chaque année des ports de l'Espagne environ six cents navires que le commerce envoye à Mexico, à Lima, à Vera-Cruz, à la Havane : sur ces six cents bâtimens, nous placerons deux cents hommes par navire, ce qui fait six cents fois deux cents ; en tout cent vingt mille hommes ; il est certain qu'il périt au moins chaque année trois cents navires , donc soixante mille hommes ; cette perte énorme pour un pays sans population , porte sur les manufactures & les travaux du labourage ; ajoutez à cela les richesses incalculables que la mer engloutit. Il n'est qu'un moyen de prévenir cette calamité qui doit enfin entraîner la ruine absolue de l'état ; le roi , quinze jours après l'acceptation de mon projet , donnera les ordres précis aux commandans de port, de faire brûler tous les vaisseaux , frégates & autres bâtimens du royaume pour éviter que personne ne périsse en mer ; le roi y gagnera d'autant plus qu'il n'aura plus besoin de ministre de la marine : je trouve ce plan d'autant mieux conçu, qu'il conservera dans le trésor à peu près cent cinquante millions que nécessitent les frais de ce département ; on peut encore compter sur une rentrée de dix millions , en employant les planches & les bois de ces vaisseaux à chauffer les bains de Tolede, de Séville & de Grénade : voilà un bénéfice de cent soixante millions ; j'en extrais dix millions pour gratifier les employés qui vivoient du naufrage des autres, reste cent cinquante millions qui circuleront pour le bien de ceux que j'aurai conservé : on m'objectera que les mines du Pérou enrichissent le royaume & l'Europe, & que les galions sont d'une ressource infinie pour nous en faire passer le produit : fadaises que ces raisons. Je répondrai à ces parleurs que, sur trois années, les galions ne rentrent pas deux fois à Cadix, & que ces bâtimens de transport avec leurs riches chargemens, & les hommes plus précieux encore, périssent à l'entrée de la rade. Je conclus à ce qu'on brûle tous les vaisseaux du royaume : vous voyez, ajouta le petit homme, combien ce projet est grand ; vous prévoyez les avantages qu'il doit rapporter à son auteur : j'estime la pension que le gouvernement me fera, au-delà de 3o,ooo piastres, voilà de grands moyens & une ressource certaine pour acquitter mes dettes & surtout les quatre-vingt livres que votre générosité, que la munificence d'un honorable chevalier, m'avancera pour me rendre à Madrid. Fernando étonné, l'assura par un serment qu'il se trouvoit pour le moment dans l'impossibilité de l'obliger, que même il ne pourroit se servir de la voiture publique pour se rendre à Burgos. Il cherchoit à se dégager du petit homme à intrigues, lorsqu'on servit à souper. Après le repas, les servantes conduisirent les voyageurs dans leurs chambres, où ils trouverent des lits espagnols, composés de planches peintes & assises sur des treteaux de

fer ; un matelas étroit, une couverture
de laine , à fleurs veloutées , & un
oreiller orné d'une mousseline plissée.
Il faisoit à peine jour, quand Fernando
& Périco s'acquittcrent avec l'aubergiste , & allerent par la ville pour
trouver deux mulets. Ils ne tarderent
pas à s'éloigner de Vittoria , & se
débarrasserent ainsi du petit homme.

Arrivés à Miranda , nos deux voyageurs virent l'Ebre qui n'est ici qu'un
filet , tandis que six lieues plus bas , il
tombe en fleuve qui précipite des rochers , & fatigue les échos d'un bruit
continuel. Sur le pont , des hommes
éleverent des chaînes , & firent payer à
Fernando le droit du chemin. Peu de
jours après, en quittant les montagnes,
ils virent dans le lointain le couvent
de Las-huelgas , dont le sommet s'élevoit au-dessus d'une plantation d'arbres ,

en face, les murs & les clochers de Burgos, à gauche, une tour gothique à moitié renversée, qui domine la ville, & dans la plaine, l'Arlançon promenant son ruban d'eau entre les saules & les peupliers. Fernando alla visiter la cathédrale, monument gothique, à jour ; il admira la richesse & le luxe de ses ornemens ; des chandeliers énormes, d'argent massif, des images, des luminaires de même métal : il vit aussi le christ miraculeux qui est couvert de trois rideaux, & qu'on ouvre avec tant de mysteres. — Vous avez bien assez vu, lui dit Périco, continuons notre route & marchons toute la nuit, car je brûle d'arriver à Valladolid, & enfin à Madrid. Ils quitterent, sur le soir, la capitale de la Castille vieille, & suivirent le chemin qui conduit à Valladolid.

Le soleil commençoit à toucher de ses rayons le contour des nuages qui flottoient dans les airs, & chassoit avec peine l'équivoque obscurité répandue sur ces solitudes, lorsque Périco démêla à travers les ombres, une poussiere épaisse qui s'avançoit en colonne : — bon dieu, s'écria-t-il, où sommes nous ? ce sont des brigands qui marchent en troupes, c'est ainsi qu'ils se présentent toujours dans les gorges de la funeste Castille ; voici précisément l'heure à laquelle ils rançonnent les voyageurs infortunés ; pauvre Périco, ah ! Fernando, qu'êtes-vous venus observer ! vit-on jamais dans le pays de Soule, quatre cents voleurs à la fois, hélas ! c'est bien assez d'un seul de ces pendards, mais quatre cents, mon dieu, quatre cents à la fois ! ah ! Fernando, qu'êtes-vous venu observer ! j'apperçois, ajouta-t-il, sur ce côté, une caverne assez grande pour nous y ensevelir avec nos mulets, jusqu'à ce que le danger soit passé. Je n'avance pas plus loin, ou je recule.

Fernando l'y suivit; la troupe approchoit toujours enveloppée de poussiere; le trépignement de sa marche étoit accompagné du son confus des clochettes : des chiens qui alloient çà & là entrerent dans la caverne. Ils effrayerent les mulets, qui emporterent les cavaliers à travers un troupeau de moutons. — Ce sont des moutons, disoit Périco, dieu soit loué, je ne vois que des moutons. Tandis que Fernando rioit aux éclats de sa peur, un jeune berger s'approcha de lui, en se plaignant de l'effroi de ses moutons qu'ils avoient dispersés. — Mon ami, lui dit Fernando, ce n'est pas ma faute, mais

celle de vos chiens & de nos mulets,
& bientôt elle sera réparée : voici dix
réaux pour la peine que tu auras de rapprocher tes bêtes. Le berger, à la vue
des réaux, laissa aux chiens le soin de
ramener le troupeau, & faisant trois
pas en arriere, il se mit à danser. —
A qui sont ces moutons, dit Fernando ?
— Signor cavallero, répondit le berger,
ce sont des moutons. — Je le sais bien,
reprit Fernando, mais à qui appartien-
nent-ils ? — Ils appartiennent au roi,
dit le petit berger, & sous le nom du
roi, ils appartiennent à des particuliers.
— Demeures-tu loin d'ici, ajouta Fernando ? — Je ne demeure nulle part,
dit le berger, car je voyage toute
l'année dans la Galice, l'Estramadure,
Léon & les Castilles cherchant par-tout
des prairies ; l'Espagne est entiérement
couverte de moutons qui voyagent, &
dont nous tirons la laine, dite de

Ségovie ; la nuit nous faisons halte ; les moutons se couchent , les chiens autour d'eux , & moi avec les chiens, & de grand matin nous partons ensemble. — Adieu , dit Fernando , cours, tes moutons sont déja loin.

A quelques distances il vit encore un troupeau, & puis un troisieme, enfin des troupeaux jusqu'au soir. Nos voyageurs marcherent trois jours de suite, sans être recréés par l'aspect enchanteur des riches campagnes de la Biscaye; une terre dépouillée, des buttes, quelques arbres placés au loin , une riviere qui s'écouloit péniblement dans des vallées qu'elle n'a jamais rendu fertiles, des moines , des mulets, des cigognes affamées & toujours des troupeaux qui couroient les provinces ; enfin on apperçut les murs jaunes de Valladolid & les tourelles élevées de la cathédrale. Les

deux compagnons en arrivant, attacherent leurs montures dans l'écurie de
los-rios , & se promenèrent par les rues
de la ville. Il étoit tard ; on venoit de
fermer les portes de l'église des dominicains ; Périco demanda a y entrer.
Ne voyez-vous pas, lui dit brusquement
le portier , que l'heure est passée.....
il est toujours l'heure d'observer , dit
Périco, permettez-moi de voir cette église.
— Comment dit le portier , prétendez-
vous malgré les ordres entrer dans l'église
des dominicains. — Je serai dans un moment hors de Valladolid, reprit Périco,
& je veux voir cette église : — vous
êtes un insolent dit le portier..... maudit
estaffier dit Périco. Le portier plein de
colère lui jeta au visage les clefs qu'il
tenoit à la main & courut chercher le
supérieur : Périco ramassa les clefs &
ouvrit l'église des dominicains. Il étoit
occupé à faire remarquer la masse des

piliers de granit à Fernando qui ne pouvoit revenir de son excès d'audace, & qui en redoutoit les suites, lorsque le supérieur arriva suivi d'un tas de moines & de valets. —Qu'est-ce ceci, dit le supérieur, jeunes gens, qu'elle est votre témérité ; est-il ici des lois ou n'y en a-t-il pas ; s'il y en a, pourquoi, jeunes gens, ne pas s'y conformer, s'il n'y en a pas, c'est bien l'heure vraiment de voir l'église des dominicains, le soleil n'est-il pas couché, & quand il dort, la violence ne dort-elle pas avec lui ? répondez, jeune homme, qui êtes-vous ? —Je suis, dit Périco, premier écuyer du chevalier don Felize y Fernando de los cavalleros, souverain d'une terre qui est là.... là, au bout de l'Espagne, là.... vis-à-vis de Xérès de la frontera : le seigneur Fernando passant par Valladolid, & retournant à Madrid, desiroit voir la magnifique église du couvent des dominicains qui doit toute sa beauté au goût & aux soins du supérieur ; son écuyer s'étoit adressé à ce portier qui, malgré nos manieres honnêtes, a eu l'insolence, non seulement de nous repousser, mais même de nous jeter les clefs à la tête : nous nous sommes permis d'ouvrir l'église, moins pour contrevenir aux lois, que pour mettre dans toute son évidence, l'audace, la négligence & la conduite indigne de cet homme.

Le portier faisoit de grands gestes afin de prouver son innocence ; — taisez-vous, lui dit le supérieur ; si je ne vous chasse pas, vous le devez à l'incident qui me procure la connoissance de ces honorables chevaliers ; vous pouvez tout à votre aise, dit-il, à Fernando, consi-dérer l'église & tous les recoins du cou-vent ; je vous servirai moi-même de guide. En même tems, il l'approcha du chœur & lui dit que le portail de l'église étoit un morceau unique, bâti avec toute l'élégance des Romains; que le duc de Lerma, fondateur de ce couvent, avoit épuisé son goût & sa munificence sur ce portail, qui étoit le chef-d'œuvre de Valladolid. Fernando, immobile, regardoit avec attention le supérieur, & lui demandoit où étoit le portail. Le supérieur alors le conduisit hors de l'église & lui montra le portail; vous voyez, dit-il, comme cet autel est riche; voyez cette croix d'or enrichie de perles & de diamans, ces aigles d'un bronze corinthien, ces chandeliers à branches, où l'art s'est surpassé; tenez, vous admirerez ces fauteuils superbes dont l'étoffe est d'un velours d'azur, entouré d'un cadre d'or & d'ornemens exquis. Fernando lui demanda où étoit l'autel: le supérieur alors le reconduisit dans l'église : on croit, ajouta le supérieur, que ce portail a coûté soixante mille piastres, l'opinion des connoisseurs est que les architectes & les sculpteurs ont travaillé pour rien ; car vous m'avouerez que ce portail, avec ses décorations excellentes, ses statues exhaussées & ses découpures en dentelle, vaut cent vingt mille piastres au moins ; avez-vous vu l'amphithéâtre de Murviédro ? non, dit Fernando ; eh ! bien, reprit le supérieur, je vous conseille, quand vous sortirez de Valladolid, d'aller droit au royaume de Valence pour voir l'amphithéâtre de Murviédro : les Romains étoient des hommes incompréhensibles, vous verrez de belles pierres posées les unes sur les autres.

Le supérieur le promena ensuite dans le cloître où sont peints les travaux du grand saint-Dominique, dans le dortoir , dans le jardin. — Je ne sais comment reconnoître tant de zèle & de bonté , dit Fernando. — Restez , disoit le supérieur ; — il est tard , ajouta Fernando , je me retire ; — restez , disoit le supérieur : — grace à vos soins , disoit Fernando , j'ai vu l'église des Dominicains : — restez , [disoit toujours le supérieur , & acceptez un leger souper. Après bien des salutations , & mille remerciemens , Fernando accepta. Le supérieur le conduisit dans d'interminables corridors ; enfin il ouvrit une petite porte , & tous les trois descendirent dans une salle obscure. — Cette bibliotheque énorme que vous voyez , dit le supérieur , où tous les livres en rouleau sont attachés dans chaque cadre avec de petites chaînes qui soutiennent leurs intitulés , n'appartient point à la maison , elle vient de la vente des effets du duc de Médina , & je l'ai achetée de mes

propres deniers : je me livre entiérement à l'étude , car l'étude fait la
volupté des moines ; mon nom est
connu , chevaliers , vous avez dû
entendre parler du docteur Sancho-
Bartholo qui a livré plusieurs observations sur la tactique militaire des anciens , sur les légions romaines , sur
les phalanges de Macédoine , & le ba-
taillon sacré de Béotie : j'écris toujours
sur la guerre , & je corresponds direc-
tement par chaque courrier avec le
ministre qui veille aux travaux de Bel-
lone ; je lui dicte la maniere de faire
marcher en colonnes les dragons & les
carabiniers quand ils font la parade ;
j'ai dans ce moment sur ma table un
apperçu bien intéressant pour remporter
des victoires sur les ennemis du nom
espagnol ; il sera impossible de nous
vaincre ; je ne demande que trente-deux
bataillons de milice pour jeter l'épou-

vante parmi les téméraires qui oseroient s'avancer sur notre territoire. Je demande sur-tout six mille trois cents tambours par régiment, pour faire un vacarme effroyable, & préparer la déroute ; joignez à cela dix-huit canons, placés à quarante-deux pieds de la première ligne, je n'en exige que dix-huit, car dix-neuf pourroient déranger l'opération. Vous concevez, chevaliers, combien ce plan est merveilleux ; je le livrerai à l'impression si-tôt qu'il sera terminé, & je ne doute pas que le gouvernement n'en fasse l'essai le plus satisfaisant. Je n'écris pas seulement sur la guerre ; l'histoire naturelle occupe encore mes momens ; je brûle d'être utile à ma patrie, & toute ma vie lui sera consacrée : voici un mémoire qui a failli me faire tourner la tête par les difficultés sans nombre qui s'élevoient quand j'en avois surmonté une : j'ai

prouvé, & cela d'une maniere irrésis-
tible, que l'ambre gris n'etoit point
une production de la mer ou le résultat
de son écume, comme plusieurs anciens
ont eu la légéreté de l'avancer : Je ne
me suis appuyé que de savantes disser-
tations & du rapport exact de quelques
voyageurs instruits de l'Inde : ils m'ont
confirmé dans un sentiment qui est
devenu celui de l'infaillible université
de Salamanque. J'ai dit que l'ambre
gris n'étoit que l'humeur excrémentielle
de la baleine, que cette matiere cornée
surnageoit par sa propre légéreté, &
que les flots la repoussoient sur la côte
des Maldives, de Ceylan, à Comorin,
où elle se recueilloit avec beaucoup de
soin. Le roi instruit de mes rares connoissances & de ma profonde érudition,
m'a appelé à la cour pour veiller à
l'éducation de ses fils; je l'ai remercié,
& j'ai préféré vivre à Valladolid dans la

culture des lettres, & au sein de mes amis.

Le supérieur ouvrit ensuite une armoire fermée sous une triple clef, & en tira du fromage & une bouteille de vin : ce repas, ajouta-t-il, ne sera pas aussi brillant que mes observations, mais je vous l'offre de bon cœur ; ce vin est un rota épais, & ce fromage est arrivé hier soir de Lisbonne, par un courrier extraordinaire. Fernando & Périco goûterent le fromage & le vin, & les trouverent détestables, néanmoins ils dirent qu'ils étoient bons. — Je suis désespéré, dit le supérieur, de ne pas en avoir davantage : j'avois six bouteilles de cet excellent vin ; le gouverneur de Séville, mon ami, avoit pris des précautions imaginables pour me le faire parvenir sans être dénaturé par le mouvement du transport ; il me l'avoit envoyé sur six mulets qui portoient chacun une bouteille, le muletier avoit reçu l'ordre de ne marcher qu'une heure par jour, de telle maniere qu'il y a près de deux ans que ce vin est en route; aussi m'est-il parvenu dans toute sa fraîcheur, & sans rien perdre de ses précieuses qualités; pour le fromage, c'est la reine de Portugal qui m'en a fait présent; il vient du Brésil: les Indiens de Fernambouc le font avec du lait de chevre, du jus d'orange, beaucoup de sucre, & encore plus de sel; vous voyez que tout cela est admirable. Périco & Fernando fatigués du bavardage de ce fou, se leverent, & après lui avoir souhaité autant de succès qu'il avoit de talens, ils allerent souper à l'auberge de *Los-rios*.

Périco ne pouvoit s'empêcher de rire de la scene du portier, & de l'heureuse issue de sa hardiesse dans une ville où existe un tribunal de l'inquisition, car Valladolid en renferme un : le souvenir du comique entretien du dominicain, l'occupa toute la nuit , & de grand matin , ayant sellé les deux mulets, Fernando , dit-il , marchons & arrivons à Madrid ; dieu soit béni , nous n'en sommes pas loin , nous traverserons Valladolid avec nos mulets , & nous verrons s'il est quelques monumens qui méritent notre attention , allons.

Fernando le suivit dans la grande place , où les maisons s'élevent jusqu'au sixieme étage, où un triple balcon regne le long de ces hideux édifices qui ne sont habités que par la misere : ils virent le collége & les inscriptions latines & fastueuses qui se trouvent sous les portiques de l'intérieur , &

qui annoncent que dans le noble &
illustre collége de Valladolid existe
un professeur de théologie : Périco demanda à sortir le plus promptement possible du collége ; il entra ensuite chez
un libraire qui n'avoit qu'un seul
exemplaire de don-Quichotte, relié en
parchemin ; il en marchandoit le prix,
quand Fernando lui observa que ce
n'étoit pas le moment d'acheter don-
Quichotte, & qu'il en trouveroit à
Madrid. Ils apperçurent ensuite la
maison du Saint-Office, & détournant
les yeux de ce lugubre édifice, ils entrerent rapidement dans la rue qui
mene à la chancellerie. Arrivés à la
porte de la chancellerie, Périco mit
pied à terre, tandis que Fernando l'attendoit dans la rue ; il suivit un long cor-
ridor, monta au premier, sans voir ni
entendre personne ; du premier il passa

au second , du second au troisieme ;
sans rencontrer un seul individu ; du
troisieme il parvint au grenier, & trouva
enfin le concierge. — Qu'est-ceci , dit le
concierge , & d'où vient cet étranger ?
où est votre *permis* de la chancellerie :
— Je suis, dit Périco, l'écuyer du grand
Fernando de Los Cavalleros , & je
viens. . . . . — Où est votre *permis*,
dit le concierge , en prenant un long
fouet ; — Seigneur chevalier, dit Périco,
j'ai l'honneur de vous observer. . . . .
Descendez vîte, s'écrioit le concierge,
ou je vous poursuis à coups de fouet.
Périco descendit vîte, & se trouva bientôt
dans la rue. Nous n'aurons pas le plaisir
de voir la chancellerie , dit-il à Fernando, j'ai trouvé là-haut un homme
dont les manieres m'ont un peu dégoûté
de la chancellerie , mais je pense qu'on
peut bien sortir de Valladolid , sans voir
la chancellerie.

A une lieue de cette ville, ils entrerent dans une forêt de Castille ; cette forêt étoit composée de tristes pins & de noirs cyprès ; quelques oiseaux nocturnes faisoient entendre par fois les soupirs de la mort, & la voix des sépulchres. Quatre jours après, ils étoient aux pieds des monts du Guadarama ; un paysan qui descendoit gaiement la montagne, dit à Fernando : ami, prenez patience, vous aurez bien de la fatigue & de la peine pour gravir le Guadarama, il vous arrivera plus d'une fois, quand vous serez à sa plus grande hauteur, de crever les nuages qui viennent se poser sur sa cime, & d'être mouillé jusqu'aux os, mais après le mal vient le bien ; après la fatigue vient le repos, après la guerre vient la paix, & vous arriverez enfin à Madrid. Périco & Fernando prirent patience, & monterent paisiblement la montagne ; il leur sembloit que ce n'étoit qu'un rocher de trois à quatre lieues, tant elle présente de blocs énormes & de masses considérables de granit.

Au détour de la montagne, ils virent un homme vêtu dans le goût oriental ; il étoit monté sur un cheval fougueux, dont les rênes, quoique roidies, pouvoient à peine en contenir la pétulance : trois domestiques marchoient derriere lui ; il étoit d'une taille avantageuse ; une tête élevée, un nez aquilin, de grands yeux noirs, ombragés de beaux sourcils ; sur son visage bazanné, se peignoient des traits superbes ; les plis de son manteau annonçoient la fierté de son caractere ; cependant son abord fut facile & fraternel : c'étoit un Indien. — Bon jour, dit-il, aux deux amis qui tournoient comme lui la montagne ; allez-vous à Madrid ?

—Oui, répondit Fernando, & je vous offre mes services : — je vais comme vous, dit l'étranger, dans la capitale des Espagnes, & je vous remercie; mon plaisir & mon instruction m'y conduisent, j'y resterai peu de tems, car je veux voir le Portugal & l'Italie; j'ai vu les Anglois, ces tyrans de l'Asie, j'ai visité les Hollandois, ces marchands audacieux qui portent des fers à notre orient; j'ai vu les François, & je retournerai parmi eux : — je veux comme vous les revoir, dit vivement Fernando, la France est ma patrie : — je vous en félicite, lui répliqua le superbe étranger, étudiez les grands hommes qu'elle a donné & formez votre jeunesse en parcourant l'univers; rien ne forme plus le courage & ne donne plus de prudence & de sagesse, que le coup d'œil des révolutions : attachez-vous à la vertu par le souvenir des crimes qui bouleversent les empires, jeune homme, la liberté appartient à tous les peuples, mais sans la sagesse, cette liberté enfante l'anarchie, & l'anarchie rappelle l'esclavage; j'ai réfléchi sur la politique de l'orient & sur la cause qui détruit ses empires; & j'ai vu que, pour établir un bon gouvernement, il ne falloit que de la vertu & de la modération; j'ai entrevu qu'il falloit surtout que les hommes fussent dégagés de ces passions inquiettes qui tracassent toutes les lois, & qui rompent continuellement l'accord des sociétés : je voyage dans cette Europe pour observer, si c'est le même principe qui la régit ou la tourmente.

Une *posada* ou auberge s'étant trouvée sur le chemin, le cheval de l'Indien se cabra, & se rejetant au loin, s'élança dans l'écurie ouverte de la *posada*. L'in-

dien salua les voyageurs & suivit son
cheval dans l'écurie.

Trois jours après, Périco & Fernando
apperçurent à droite le palais de l'escu-
rial & le couvent des Hiéronimites,
quelques villages & un parc sur la gauche,
une allée d'arbres devant eux.

Enfin, ils virent Madrid, ses églises,
ses toits, ses dômes & le *Palacio-réal*,
ou palais du roi, qui s'avance en forme
de citadelle, & qui semble avoir été
placé là par la main des fées. — Le
voilà, s'écrioit Périco, le voilà donc
ce superbe Madrid : —oui, la voilà,
disoit Fernando, cette ville où les
Espagnols s'estiment heureux d'être nés,
cette capitale de l'Espagne, ce séjour
des rois ; là, dans cette enceinte est un
peuple nombreux ; là habitent les grands

de toutes les provinces qui ne peuvent demeurer ailleurs ; on y voit le *prado*, le charmant *retiro* & le combat de *los-toros*. — Le voilà, disoit Périco, ce Madrid si fameux : — oui la voilà, disoit Fernando, cette ville où il y a plus d'églises que de maisons, plus de moines que de citoyens, cette ville où les hommes marchent isolés, & les femmes toujours seules.

Ils traverserent sur leurs mulets le ruisseau du Mançanarès qui traîne un filet d'eau entre deux rives élevées de sable. Ils s'acheminerent ensuite sous la belle allée des ormeaux & laisserent à droite le pont de Ségovie, & les portiques de pierres où les lavanderas savonnent le linge de la ville. Enfin, Périco & Fernando entrerent à Madrid. Ils marchoient à très-petits pas, la tête élevée, & regardant avec le plus grand

soin les hommes , les femmes, les chiens,
les maisons & les fenêtres ; il étoit nuit
quand ils arriverent dans la rue d'Alcala,
cherchant l'auberge de Visoni où ils devoient loger.

Visoni les reçut fort bien , moyennant
deux piastres par jour : — ce prix est
excessif, disoit Fernando à son cher
écuyer, mais nous passerons six jours
chez Visoni, & nous repartirons pour le
pays de Soule. — Nous sommes bien
mal arrivés , disoit Périco , car demain
c'est le jour qui vient après le dimanche,
& ce jour-là , le corrégidor fait combattre les taureaux : Visoni est comme
l'hôtesse de Vittoria , il profite de l'occasion , & fait payer deux piastres aux
étrangers qui accourent aux combats :
— n'importe , disoit Fernando , nous
donnerons les deux piastres & nous dor-

mirons à notre aise ; dormons, Périco,
soyons frais & gaillards pour demain ;
dormons, Périco.

Périco, après avoir soupé, se jeta sur
un misérable sopha, & dormit. Le lendemain on apporta pour déjeûner, du
chocolat & une assiette pleine de bis-
cuits de Madrid, un verre d'eau & un
petit pain de sucre spongieux, *azucar
esponjado* ; ils étoient à la fenêtre &
admiroient la rue d'Alcala, la plus belle
de l'Europe ; des voitures sans nombre,
traînées par des mules, puis des prêtres,
douze sortes de moines, des femmes
dans de petits cabriolets qui couroient
comme le vent, une compagnie de cavalerie, des soldats & leur musique remplissoient cette immense rue & traversoient le *prado* pour se rendre hors de
l'élégante porte d'Alcala aux combats
du taureau. — Si tout ce peuple va au

combat, disoit Périco, certes ce spectacle doit être trois fois grand comme
la rue d'Alcala; descendons au plus vîte,
cher Fernando, & obtenons une place
au combat.

A l'entrée du *prado*, ils s'arrêterent
à gauche, vis-à-vis la belle fontaine de
Cibele. Cette déesse est sur son char,
traînée par deux lions qui rejetent l'eau
du bassin : le grouppe est de granit,
ainsi que le contour du bassin ; — que
j'admire, disoit Fernando, l'attitude
de la mere des dieux, cette tête pleine
de dignité & ce moëlleux de la draperie;
considere la fierté de ces lions qui
s'avancent sur nous, & semblent annoncer que c'est la grande déesse: quel
sculpteur a pu donner à ce granit sur
lequel se brise le ciseau des travailleurs,
tant de sentimens ; ô Phydias, Praxi-
telle, ô Lysippe, c'est vous qui avez

dessiné ces termes qui forment à l'entour de ce bassin, l'un de ses plus beaux ornemens. — Allons au combat, lui dit Périco, nous aurons bien le tems d'admirer cette Cibele qui semble toujours marcher & qui certes sera encore là ce soir. — Je te salue, disoit Fernando, je te salue, ô mere des dieux ; dans ces tems éloignés où l'encens fumoit sur tes autels, où le peuple accouroit dans ton temple, j'eus été l'un de tes plus ardens adorateurs, je te salue déesse de Pessinonte.

Fernando entra ensuite dans le cirque & se promena sur l'arène : comptez-vous rester ici, disoit Périco, le taureau va sortir, & n'est-ce pas le moment de choisir notre rang le plus haut possible. Le corrégidor parut dans sa loge, & ayant donné le signal, les fanfares entonnerent, puis des cavaliers & des régidores circulerent dans l'arene, poussant hors de la porte la foule inutile. Chacun se distribua sur les bancs, & l'enceinte fut bientôt libre. La porte, derriere laquelle le taureau étoit contenu, ayant été tout-à-coup enlevée, l'animal furieux & bondissant se jeta dans l'arene, en élevant la poussiere & battant l'air & ses flancs, de sa redoutable queue. Un *picador* ou combattant à cheval, armé d'une longue lance, vint droit à lui ; l'animal écumant de rage, recula, & ramassant toutes ses forces, se précipita sur le cavalier, qui lui enfonça adroitement sa lance au défaut du cou ; le taureau blessé se dégagea & porta toute sa rage contre un autre *picador* qui accouroit pour délivrer son camarade ; mais celui-ci n'ayant point eu le tems ni l'adresse de prévenir son ennemi, le taureau culbuta son cheval & plonga à plusieurs reprises,

ses cornes dans ses flancs. Le *picador*, échappé au danger, remonta lestement sur un autre cheval, tandis que le premier, perdant son sang & ses entrailles par de larges blessures, fut tiré à moitié mort, hors de l'arene, & tué dans le champ voisin.

Après que les *chulos*, ou combattans à pied, eurent long-tems fatigué le taureau, le corrégidor ordonna qu'on mit l'animal à mort. Le plus adroit de ces gladiateurs, qu'on nomme *matador*, s'avança gravement, une épée à la main, vers le taureau ; le *matador* ayant long-tems fixé l'endroit où il devoit plonger son arme, fut assez heureux, lorsque le taureau s'élança sur lui, d'enfoncer profondément son épée dans le cou de ce terrible animal, qui tomba en poussant un long & dernier mugissement. Tout le peuple, à grands cris, célébra la victoire du *matador*. La porte du fond s'ouvrit, & des mulets chargés de banderolles, traînerent rapidement, hors de l'enceinte, l'animal expiré. A peine ce taureau eut-il disparu, que plusieurs autres se présenterent successivement sur cette arene humide du sang de leurs prédécesseurs.

Un homme qui avoit une cigarre à la bouche, & que Fernando questionnoit: lui répondoit ainsi en lui jetant par intervalle des bouffées de fumée au nez. — Ce spectacle, dit-il, quoique inhumain, n'en est pas moins encouragé, parce que son produit sert à l'entretien du grand hôpital; s'il n'avoit lieu que pour le plaisir du peuple, il y a longtems qu'il seroit aboli. Mais on a su attacher sa conservation à une cause pieuse, & l'on auroit les plus grandes peines à le détruire: vingt-quatre taureaux sont impitoyablement mis à mort le jour du combat. Les Espagnols sont si passionnés pour ce genre de combat, qu'il n'est pas de plus grande fête pour lui. Son caractere qui vous paroît dans la ville, grave, paisible, humain & amoureux, devient dans cette enceinte de planches, dur & sanguinaire : il se retire peu satisfait, s'il n'a vu térasser quelqu'un des combattans ; il est vrai que je voudrois qu'il y en eût tant, que personne ne voulut s'y frotter davantage; cependant j'ai assisté à l'un de ces combats, où j'ai vu treize chevaux crevés, deux picadores tués, trois chulos blessés à mort, & le combat suivant a été encore plus suivi, tant est forte l'habitude & ce préjugé de gloire que les champions préferent à la vie. Je ne puis vous dissimuler qu'il résulte de grands inconvéniens de cette parade; nos ouvriers ne travaillent pas, ou le peu de bénéfice qu'ils retirent de leurs peines, ils l'employent à ce misérable spectacle. Ajoutez à cela la perte des chevaux & ce nombre inoui de taureaux qu'il faut sacrifier chaque semaine, vous concevrez aisément le dommage que cela porte à nos arts & à l'agriculture, & que ce combat est plus qu'on ne pense une des causes de la misere de l'Espagne.

Le combat terminé, le peuple se leva & sortit tranquillement de la boucherie du matin. Fernando se rendit ensuite au *prado* ; — eh bien ! dit-il à son ami, que pense-tu de ce spectacle ? — j'en suis encore tout ému, lui répondit Périco, ce n'est point le danger que courent ces hommes que je considere, je m'embarrasse peu que le taureau écrase ces assassins, mais je plains ces chevaux, animaux dociles, que leurs maîtres impitoyables conduisent à une mort certaine; je plains ces taureaux qui, malgré leur courage & tant d'efforts glorieux pour défendre leur vie, ne peuvent échapper à la mort à laquelle il faut, tôt ou tard, qu'ils succombent; — tu penses bien, reprit Fernando, c'est une vraie boucherie; as-tu vu comme l'arène étoit abreuvée de sang; l'horrible institution! elle vient des Maures, mais les Maures avoient un but, celui d'enflammer leur courage en affrontant le danger, celui de donner dans la paix, l'image de la guerre; celui de rappeler au peuple qu'il étoit guerrier, & que les combats devoient être ses divertissemens: tels étoient les Romains qui, dans l'acharnement des gladiateurs, essayoient leur fureur contre les ennemis: tels sont les sauvages qui, dans leurs festins barbares, s'excitent à la victoire; mais qu'un peuple s'adonne à des jeux inventés par le génie de la liberté pour s'applaudir ensuite d'être les sujets d'une affiliation de moines, c'est ce qui me repugne, comme cela doit repugner à mon cher Périco.

La présence de la promenade chassa ces noires images, Fernando avoit été s'asseoir près du bassin d'Apollon au *prado* ; — l'heureuse situation ! disoit-il, le beau coup-d'œil que celui de ces triples allées dont les arbres sont continuellement rafraîchis par l'eau des bassins ; à gauche, la fontaine de Cibele forme le point de vue ; à droite, c'est Neptune qui s'éleve du sein des mers, promené par des chevaux qui repoussent l'onde salée ; au centre, est l'Apollon du Belvedère ; vis-à-vis sur cette hauteur, je vois les bosquets du *buen-retiro*, le pavillon royal & ses nombreux bâtimens ; plus bas, le jardin des plantes transplantées du Mexique & de la

Guyanne. Mais ce délicieux tableau est gâté par l'approche du combat du taureau dont j'apperçois l'édifice.

Il étoit midi, le soleil étoit dans toute sa force, & traversoit de ses rayons ardens l'épaisseur des feuillages qui ne jetoient plus d'ombre ; la promenade devenoit déserte, chacun se retiroit. Fernando alla dîner chez Visoni : — je te jure, disoit Périco, que je n'ai point faim, car je suis encore tout rempli de la scene de ce matin ; je vois partout tête de taureau, ventre crevé de cheval, & puis du sang dans toutes les assiettes. Il ne se mit point à table, & pour divertir son imagination, il entendit pendant deux heures, les accords déplorables d'une guittare démontée.

Vers le soir, ils retournerent au *prado* ; la promenade du soir prête beaucoup à

la curiosité & aux observations des
étrangers ; on peut y prendre une idée
de l'espece de luxe & des manieres du
peuple de Madrid ; là, se rassemblent
les gens de cour , les chevaliers & la
foule des moines. Deux rangs de voitures qui marchent uniformément atte-
lées de mulets comiquement caparaçon-
nés, des hommes vêtus toujours de noir,
des femmes dont la tête est embarrassée
sous l'étalage grotesque de mille nœuds
de rubans, tel est le froid spectacle qui
remplit une étendue de près d'une demi-
lieue. — Quels sont donc les plaisirs de
ces hommes , disoit Fernando , quel silence s'observe dans le lieu de la dissi-
pation , & chasse la gaieté qui naît du
rapprochement des individus ! Ah ! c'est
la présence austere de ces religieux qui
répand la mélancolie, appelle la crainte,
& exorce sur la pensée , le despotisme le
plus outrageant : il est aisé de saisir la

cause de l'abrutissement de cet empire : les arts encore dans l'enfance, l'agriculture à peine pratiquée, le commerce languissant, attestent le gouvernement des moines.

On sonna *l'angelus* d'un couvent voisin ; aussitôt chacun se découvrit, les voitures s'arrêterent, & les grands & les savans, & les philosophes & tout le peuple soumis au son d'une cloche, recita en silence l'oraison de la Sainte-Vierge ; Fernando leva les épaules, & cet homme libre ne pouvant tenir à ce spectacle, se retira bientôt chez lui.

Chez Fernando se tenoit depuis deux jours une sorte de conciliabule où se rassembloient, au nom de la liberté, plusieurs zélateurs de la démocratie. Fernando présidoit la petite société; Périco, par ses plaisanteries, la réjouissoit ; un Polonais vint en faire partie ; l'Indien eut son nom sur la liste ; peu à près, lasociété acquit un Bachelier de Léon. Elle se seroit autrement accrue, sans la difficulté des circonstances & l'inquiétude de la police.

Un jour on frappa à la porte, c'étoit le Bachelier, la société étoit à table. — Que la paix soit toujours céans, dit-il, & sur-tout l'amour de la liberté ; votre santé, Fernando, & la vôtre, chers amis, sont très-bonnes ; je vois qu'il n'appartient qu'à la liberté de faire couler un sang pur dans les veines ; c'est un médecin excellent pour dissiper les humeurs, & prévenir les maladies. Les peuples libres ont toujours un teint vermeil, une bile active, & la trituration se fait chez eux d'une manière admirable : la liberté ne donne pas seulement l'embonpoint, elle vous remplit d'un courage & d'une intrépidité incroyables. Avant d'entamer un discours sur le meilleur des gouvernemens, vous me permettrez de rafraîchir mes poumons de ce petit vin d'Alicante qui est là du côté de mon cher Périco, & je boirai à la santé des Grecs & des Romains. . . . J'étois bibliothécaire de la cathédrale de Léon; un jour, en bouleversant la bibliotheque qui avoit disparu dans la poussiere, je découvris dans le rang des livres grecs, un manuscrit précieux que je présume être du tems d'Homere ou d'Hésiode; j'ai traduit ce manuscrit, & quand l'évêque me fit l'honnêteté de m'expulser, parce qu'il avoit disposé de ma place, je saluai l'évêque, & j'emportai le manuscrit: retiré dans cette ville, & me consolant dans les lettres, du procédé de l'évêque, je m'occupe à traduire les épisodes de ce rouleau. Chaque épisode porte le nom d'une déesse. Le premier se nomme Minerve, celle qui préside aux sciences & à la sagesse, & Junon, quoique la reine des cieux, n'est que le titre du second, car la sagesse, je pense, est supérieur même à la reine des cieux ; le troisieme est intitulé Dionée, la mere de Vénus, quoique Dionée ne soit pas une déesse, on a préferé la mere chaste, à la fille impudique. Ce manuscrit renferme huit noms de déesses, & parconséquent huit épisodes. Voici le premier écrit sous les auspices de Minerve ; il mérite l'attention d'une société de philosophes qui étudient la manœuvre des gouvernemens.

Quand le Bachelier eut encore aspiré deux bons verres d'Alicante, il s'essuya les moustaches & déroula sa version.

Le Bachelier commençoit à peine, quand on frappa à la porte. Périco courut ouvrir. C'étoit l'Indien : — me voici, dit l'homme des bords du Gange ; je vous ai cherché dans toute la ville ; j'ai voulu rendre un grand service à des amis ; un bruit sourd m'amene ici, vos rassemblemens sont connus ; partout on a la fureur d'observer ; jeunes gens, il arrivera des malheurs.

A ces mots, Périco commença par gagner la porte, puis le Polonais ; vint ensuite le Bachelier avec son manuscrit sous le bras ; Fernando, toujours calme, & l'Indien. Tout alla étudier l'opinion de la ville & épier les propos.

Le soir, la société se reunit pour prendre une derniere résolution : — je pense, dit Périco à son ami, que vos

observations seront bientôt terminées.
Vous avez écrit sur la *politique* de
l'Espagne, * sur ses ressources, sur sa
marine, sur ses moyens militaires, sur
la forme de ses tribunaux, &c. &c.
Vous avez pris d'assez amples informa-
tions que vous allez communiquer à la
patrie, & servir la liberté que l'Espagne
cherche à détruire. Nous retournerons,
je pense, au pays de Soule ; deux
grandes raisons nous forcent de nous
hâter, 1° notre argent qui tire à sa fin ;
2° la haine qu'on porte aux Français,
& que j'ai vu se manifester à la

---

* Ces différens objets ont été traités dans divers ouvrages que
j'ai publiés sous les titres de LA GUERRE CONTRE L'ESPAGNE,
brochure de 18 pages. 1792.

De l'ESSAI SUR LES PUISSANCES NAVALES, brochure de
44 pages. 1793.

Puerta del Sol : j'ai un fort pressentiment que si nous restons encore ici dix-huit heures, Fernando & ses amis seront traînés au fond de quelque cachot, où il ne sera question ni d'épisode ni d'observations ; on a parlé hier du renouvellement des recherches inquisitoriales contre des rébelles, je pense qu'on n'entend point parmi des esclaves, d'autres rébelles que nous : profitons de notre liberté, & que la nuit de demain couvre notre retraite ; retournons au pays de Soule, & allons lire nos observations à Pau. — J'ai tout examiné dans le silence, répondit Fernando, & je trouve comme toi qu'il est tems de partir ; cher Périco, que demain le soleil à son coucher, ne nous retrouve pas dans cette ville.

Périco sauta de joie, & alla retenir une voiture, ruc de Foncaral.

L'Indien alloit bientôt prendre la route du Portugal, & le Polonais prenoit avec Fernando le chemin de France; il en étoit de même du Bachelier qui emportoit le manuscrit.

Le lendemain tous ces observateurs quitterent la capitale de l'Espagne.

F I N.

Iʟ s'est glissé, dans le cours de cet ouvrage, lors de sa rapide impression, quelques *errata*, qu'il sera facile, au lecteur, de rectifier.

Je place cet ouvrage sous la sauve-
garde des lois & de la probité des
citoyens, & je déclare qu'en vertu du
décret du 19 juillet 1793, (*v. s.*), je
poursuivrai devant les tribunaux, tout
contrefacteur & distributeur d'éditions
contrefaites.

A Rochefort, département de la
Charente-Inférieure, 12 frimaire l'an
3ᵉ de la République une & indivisible.

B A R B A U L T.

N O U V E L L E S

C O N T E N U E S

D A N S   C E   V O L U M E.

Démophon . . . . . . page 5.

Dinocérès. . . . . 49.

L'Ombre d'Helvétius. . . . 93.

Félix ou les trois Opprimés. . 119.

Lycas, idylle I. . . . . . . 191.

La Théorie, idylle II . . . 201.

Amyntas, idylle III . . . . 211.

Fernando ou le Voyage en
Espagne. . . . . 226.

www.ingramcontent.com/pod-product-compliance
Lightning Source LLC
LaVergne TN
LVHW021129200726
843510LV00001B/31